MANUEL PRATIQUE

DE

TÉLÉGRAPHIE SOUS-MARINE

MANUEL PRATIQUE

DE

TÉLÉGRAPHIE

SOUS-MARINE.

CONSTRUCTION, POSE, ENTRETIEN ET EXPLOITATION
DES CABLES SOUS-MARINS,
ÉPREUVES ÉLECTRIQUES QU'ILS SUBISSENT, ETC.,

A L'USAGE

des Électriciens constructeurs, des Employés du Télégraphe et des
Actionnaires de Compagnies Télégraphiques sous-marines,

Par A.-L. TERNANT,

Avec Planches, Tables et Figures dans le texte.

PUCK. — I'll put a girdle round about the earth
In forty minutes.

SHAKESPEARE. — Midsummer Night's Dream
(Acte 2, scène II.)

PARIS,

PAUL DUPONT, LIBRAIRE-ÉDITEUR,
41, rue J.-J. Rousseau,

ET CHEZ TOUS LES LIBRAIRES.

1869

ROUEN. — IMP. E. CAGNIARD,

Rues de l'Impératrice, 88, et des Basnage, 5.

A

Monsieur Ernest LAMI DE NOZAN,

Anciennement

Directeur-Gérant de la Société du Télégraphe électrique
sous-marin de la Méditerranée,

Hommage de la reconnaissance et du respect de

Son bien dévoué

A.-L. TERNANT.

INTRODUCTION

Un célèbre philosophe anglais, Jérémiah Bentham, a dit quelque part que notre siècle n'aurait qu'une passion : l'industrie, et qu'un idéal : l'utilité.

Cette prédiction semble bien près de se réaliser complétement, et c'est surtout des télégraphes électriques, que l'on peut dire qu'ils représentent l'idéal de l'utile.

Les télégraphes sous-marins, qui permettent des relations journalières avec les pays les plus éloignés, ont donné naissance à une industrie spéciale, qui a pris une extension considérable en Angleterre, tandis qu'elle n'a reçu aucun développement sérieux en France. C'est de cette industrie qu'il est surtout question ici.

Notre pays est encore tributaire de l'étranger pour tous ses câbles de quelque importance ; mais le temps semble proche où notre industrie, s'affranchissant des entraves de ce monopole, créera une concurrence sérieuse aux maisons anglaises de construction.

L'opuscule que l'auteur soumet ici à la bienveillante attention du public, a surtout pour but de démontrer l'absence des risques nombreux dont l'imagination environne généralement les expéditions de télégraphie sous-marine. Les renseignements condensés dans ce petit livre, suffiront sans doute à rassurer les actionnaires de Compagnies télégraphiques sur les hasards présumés de la pose des câbles, en prouvant qu'on peut maintenant les conjurer efficacement, et réduire à leur minimum les risques de semblables entreprises.

Les meilleurs auteurs, français et anglais, ont été consultés dans la composition de ce travail, et les conférences de M. Jenkin, faites par cet éminent ingénieur, à la Société des Arts (Cantor Lectures), et à l'Institut de Londres, ont surtout fourni à l'auteur de précieux et utiles renseignements.

Les ouvrages de MM. Delamarche, Dumoncel, Gavarret, Thomson, Noad, Clark et Culley ont aussi été consultés et cités dans cet ouvrage, ainsi que les mémoires publiés par MM. Siemens, Varley et Webb.

L'auteur a conscience des faiblesses de son œuvre, qu'il pourra sans doute reprendre et compléter plus tard. Il espère, toutefois, que le présent travail sera accueilli avec indulgence par le public, et qu'il permettra à quelques personnes de satisfaire leur curiosité sur un sujet peu répandu jusqu'ici, tandis que les praticiens et les actionnaires de Compagnies télégraphiques y trouveront des renseignements indispensables concernant la construction et l'exploitation des câbles sous-marins.

Rouen, août 1869.

A.-L. Ternant.

P. S. Depuis que les dernières pages de ce livre sont à l'impression, le câble transatlantique français a été posé avec le plus grand succès, et la France est maintenant reliée. directement à l'Amérique par les câbles de Brest à Saint-Pierre-Miquelon, et de Saint-Pierre à Duxbury, près Boston.

Nous avons recueilli, sur ces câbles, des renseignements assez complets, que nos lecteurs trouveront à la fin de ce volume.

Ce nouveau triomphe de la science va sans doute donner une impulsion nouvelle aux entreprises télégraphiques , et aura pour résultat probable de créer en France une industrie nouvelle. C'est en vue de ce résultat que l'auteur a composé l'ouvrage qu'il livre aujourd'hui aux hasards de la publicité.

TÉLÉGRAPHIE SOUS-MARINE

PREMIÈRE PARTIE.

Construction des câbles sous-marins.

Parties constituantes d'un câble.

Un câble télégraphique sous-marin se compose :

1° D'un ou de plusieurs conducteurs du courant électrique, généralement en cuivre ;

2° D'un corps isolant, qui enveloppe le conducteur et empêche la déperdition du courant électrique ; c'est généralement de la gutta-percha, et parfois du caoutchouc ;

3° D'une enveloppe en chanvre ou en jute, formant un coussinet dont la destination est de protéger le fil de gutta-percha de la compression trop forte qui pourrait résulter du contact des fils de fer extérieurs. Le chanvre ou le jute est toujours protégé contre la destruction par l'emploi d'une substance préservatrice telle que le goudron ou le tannin;

4° D'un fourreau protecteur et résistant, destiné à protéger l'âme contre tout accident extérieur et à renforcer le câble. Il est généralement formé de fils de fer, parfois galvanisés, et enroulés en hélice autour de l'âme, de façon à donner au tout l'apparence d'un cordage en fer ou en chanvre; car on n'emploie pas seulement, dans la formation de cette protection extérieure, des fils de fer plus ou moins gros suivant les profondeurs que l'on doit atteindre, mais on les enveloppe aussi souvent d'un ou plusieurs filins de chanvre ou de jute, destinés à alléger le poids du câble et à diminuer sa densité tout en augmentant sa résistance;

5° Les fils de fer nus de l'enveloppe ordinaire . sont fréquemment protégés de l'oxydation ou d'inconvénients semblables par un revêtement bitumineux, maintenu au moyen d'enveloppes croisées pour lesquelles on se sert d'une étoupe grossière. Cette protection contre la rouille est surtout employée pour les câbles lourds qui doivent être posés dans les bas-fonds. .

I.

Conducteur.

Conducteur. — Cuivre.

Le conducteur électrique d'un câble est presque toujours formé de fils de cuivre, et bien qu'on emploie encore parfois un fil solide, comme il est apte à se briser sous un effort mécanique, on y a renoncé pour le remplacer par le toron, qui a de très sérieux avantages mécaniques sur le fil simple. Lorsque le conducteur ne doit pas être très long, on forme assez souvent le toron de trois ou quatre fils tordus ensemble en un cordage ; tels sont les conducteurs des câbles de Livourne à Bastia et de Cromer à Emden. On emploie pourtant presque exclusivement, maintenant, des torons formés de sept fils.

Toron. — Son avantage.

L'avantage du toron sur le fil unique s'explique aisément. Outre le danger de rupture du fil simple, dont il a été parlé plus haut, cette rupture, tout en occasionnant une solution de continuité, pourrait d'ailleurs se produire dans des conditions telles, que le fil brisé se forçât un chemin à l'extérieur à travers l'enveloppe isolante de la gutta-percha, et l'isolement et la continuité se trouveraient ainsi détruits du même coup. Or, s'il est facile de localiser une faute de continuité, il ne l'est pas toujours autant de déterminer le point où l'isolement fait défaut.

Les fils du toron se brisent rarement tous au même point, et la fracture de l'un d'eux ne produit aucun effet sensible sur la conductibilité du fil entier ; car, bien que la force d'une chaîne soit limitée par son chaînon le plus faible, le pouvoir conducteur d'un fil ou d'une corde métallique n'est aucunement limité par celui de sa plus petite section.

Le gros toron des câbles de l'Atlantique, qui

a bien près de 4 millimètres de diamètre, pourrait être coupé, puis rejoint par un fil métallique très fin, sans qu'aucune différence se fît sentir dans la rapidité des transmissions ou la magnitude des courants observés sur le câble. Pour que cet étranglement produisît un effet notable sur les signaux, il faudrait qu'il eût une longueur relativement sensible, eu égard à celle du câble entier.

Conséquemment, six des sept fils du toron pourraient être brisés en mille endroits différents sans qu'il en résultât aucun dommage électrique dans le câble, pourvu toutefois que l'un quelconque des fils du toron fût intact en chacun de ces points (1).

Bien entendu, les sept fils du toron agissent comme un seul conducteur du courant électrique et ne permettent pas des communications simultanées par chacun d'eux.

Toron à segments du câble du golfe Persique.

Outre le fil simple et le toron, il existe une autre forme de conducteur en cuivre, qui n'a été employée qu'une seule fois, dans la construction de la plus grande portion du câble du golfe Persique.

On comprend que si le toron a un avantage mécanique sur le fil simple et offre plus de flexibilité, il a sur ce dernier le désavantage de présenter une surface extérieure plus étendue,

(1) Ocean Telegraphy. North British Review. Décembre 1866.

occasionnant une induction latérale plus considérable qui retarde notablement la rapidité des transmissions.

Pour alléger cet inconvénient, qui devient très sensible dans un câble très long, MM. Bright et Clark, ingénieurs du gouvernement des Indes, se sont servi, pour les câbles du golfe Persique, d'un toron formé de six segments s'emboîtant exactement et étirés ensemble dans une gaîne enveloppante. Ils espéraient de la sorte combiner les avantages mécaniques du toron avec la supériorité électrique du fil simple; cependant, lors de la pose de la première section du câble (Fao-Bushire), le conducteur se brisa à l'intérieur de la gaîne isolante, occasionnant une solution de continuité qui fut, du reste, déterminée avec la plus grande précision par les électriciens.

Le toron ordinaire est donc préférable à ce système, auquel on a renoncé dans la construction des 160 milles de la nouvelle section du câble, construite en 1866, pour le golfe Persique.

Emploi de l'acier comme conducteur.

Le gouvernement italien a fait construire, chez MM. Siemens frères, à Charlton, un câble dont le conducteur est un toron composé de fils d'acier. C'est, croyons-nous, l'unique modèle de ce genre. L'acier serait d'un emploi très désirable à cause de sa ténacité; mais par suite de sa faible conductibilité, relativement au cuivre, il faut lui donner une section environ six fois plus forte qu'à ce dernier métal, pour obtenir les

1.

mêmes résultats électriques; il s'en suit qu'il faut employer un poids de matière six fois plus considérable; l'induction augmentant d'ailleurs en raison de la surface mise en contact avec la gaîne isolante, il faudrait augmenter proportionnellement la quantité de matière isolante, pour rester dans des conditions absolument identiques. Ces désavantages doivent donc faire exclure l'usage de l'acier comme conducteur des câbles sous-marins, et l'emploi de ce métal, dans le cas ci-dessus, doit être considéré comme ayant été fait par voie d'expérimentation dans un câble très court.

Aluminium.

On a proposé l'aluminium comme conducteur. Ce métal est aussi bon conducteur que le cuivre, et sa densité étant trois fois moindre sous une ténacité quadruple (se rapprochant en cela du fer), permettrait d'alléger d'autant le poids des câbles; malheureusement, son prix, qui atteint 300 fr. par kilogramme, est un obstacle certain à son adoption, et il n'existe aucun exemple de l'emploi de cette matière comme conducteur électrique sous-marin.

Propriétés mécaniques du toron.

Le cuivre est donc le métal uniquement employé comme conducteur, et la forme généralement adoptée est le toron formé d'un faisceau de sept fils tordus en cordelette. On a fait de nombreuses objections à cette forme, et voici les deux principales :

Si un des fils du cordon se brise, les pointes de la brisure tendront à percer la gutta-percha. Ce défaut semble être commun à toutes les formes proposées; il ne paraît d'ailleurs pas, jusqu'ici, avoir eu toutes les conséquences graves qu'on lui attribue.

Le toron manque de compacité, et on craint que si l'eau pénètre jusqu'au fil par une fissure ou même par les pores de la gutta-percha, sous l'influence de la pression de l'eau, ce liquide s'écoulera le long des interstices du toron comme à travers un tube.

On a remédié à cet inconvénient en enduisant les fils de la cordelette du vernis de M. Chatterton, et l'on fait d'ailleurs passer le toron conducteur à travers un bain chaud de cette substance, immédiatement avant de le recouvrir d'une première couche isolante.

Modifications proposées.

On a proposé diverses modifications de la forme du conducteur. Voici les principales :

M. Daft enduit les fils de cuivre d'une couche de laiton et de caoutchouc vulcanisé. La composition Chatterton coûte moins et remplit le même but.

M. Varley a proposé de modifier complétement le conducteur actuel en employant trois ou quatre fils isolés séparément et réunis entre eux, de distance en distance, par un contact métallique, de manière à ne former qu'un seul conducteur effectif. Si l'un des trois ou quatre fils est attaqué ou rongé par le courant, la résistance de la faute n'augmentera pas sensiblement celle du fil, et plus le fil atteint sera détruit, meilleur redeviendra le câble. Il pourrait, en fait, y avoir trois ou quatre conducteurs défectueux et en vingt endroits différents, sans que le câble cessât pour cela de fonctionner.

Outre l'augmentation du prix d'un câble semblable, alors qu'il ne s'agit que d'un seul conducteur effectif, il semblerait plus naturel d'utiliser séparément les trois ou quatre conducteurs proposés et de sacrifier simplement celui ou ceux qui deviendraient fautifs. Les défauts de la gutta-percha, fissure, bulle d'air ou autres, sont maintenant si rares et si facilement évités dans la manufacture des fils recouverts ; on peut d'ailleurs les découvrir si promptement, avant la pose, qu'il n'y a plus à craindre pour les câbles que les détériorations provenant des effets mécaniques de la pose ou résultant d'actions sous-marines imprévues. L'effet de ces détériorations serait évidemment le même, au point fautif, sur les trois ou quatre conducteurs proposés par M. Varley.

Le même ingénieur a aussi proposé l'emploi d'un fil d'or ou de platine, courant au centre du toron ordinaire du conducteur cuivre, de manière que si ce dernier métal vient à être rongé par une action électrolytique, résultant d'une faute, le fil de platine ou d'or inoxydable empêche toute solution de continuité.

M. Newall donne une grande solidité au toron ordinaire en unissant tous les fils par de la soudure.

Il est évident que les avantages principaux du toron disparaissent à la suite de cette opération, et que l'on retourne ainsi au fil solide et rigide, ayant en outre une surface extérieure plus considérable que le fil simple, et occasionnant une induction retardatrice, que ne compense aucun des avantages mécaniques du toron ordinaire.

M. Boggets a proposé de construire le conducteur en deux segments, dont l'un aurait une rainure longitudinale continue, dans laquelle viendrait s'emboîter un filet courant au long du second demi-cylindre; il espère obtenir ainsi l'avantage d'un conducteur formé de deux parties distinctes, dont l'emsemble est moins rigide et cassant que le fil cylindrique simple et ne présente pas une surface inductive aussi grande que le toron formé de plusieurs fils tordus ensemble.

Aucune de ces modifications n'a jusqu'ici été adoptée en pratique, et l'emploi presque exclusif du toron subsiste.

Force d'extension du fil simple.

La force d'extension d'un fil de cuivre est donnée, dans certains livres, comme atteignant 4,200 kilogrammes par centimètre carré de section. Le cuivre dont on se sert dans les câbles télégraphiques, étant plutôt choisi pour ses qualités électriques, qu'à cause de ses propriétés mécaniques, supporterait seulement de 2,350 à 2,750 kilogrammes par centimètre carré. Le cuivre s'étendant de 10 à 15 pour cent à la traction, il est rare que sa force entière soit utilisée.

Cette élasticité est une propriété très précieuse qui empêche l'interruption complète des communications jusqu'à ce que la partie extérieure et résistante du câble soit entièrement rompue (1).

Force du toron.

Un toron de fils de cuivre long d'un mille marin et pesant 1 kilogramme, supporterait 1,500 grammes avant de rompre, et ne s'allongerait nullement sous un effort de 750 grammes. Ainsi un toron du poids de 150 kilogrammes au mille, supporterait au plus juste 225 kilogrammes, s'allongerait de 1 pour cent sous l'effort de 150 kilogrammes, et ne s'allongerait nullement sous un poids de 112 kilogrammes 500 grammes (2).

Poids du fil simple et du toron.

Le poids d'un fil de cuivre en kilogrammes par mille marin (3), peut se déduire de son diamètre en millimètres, par l'usage des constantes suivantes :

Pour le fil solide. . . . . P $=$ 13 d²
Pour le toron. . . . . . . P $=$ 11 d²

Dans le cas du toron, on obtient le diamètre

(1) Cantor Lectures. F. Jenkin
(2) Cantor Lectures. F. Jenkin.
(3) Le mille marin de 60 au degré vaudrait exactement 1851^m,265 sous la latitude moyenne de 45° ; la longueur habituellement employée par les ingénieurs anglais, est pourtant de 1854^m,71, à moins qu'il n'en soit spécifié autrement.

réel en déduisant 5 pour cent du diamètre extérieur.

Soudures.

Les soudures qui doivent relier entre elles
deux portions du conducteur, sont toujours faites
avec le plus grand soin, et voici comment on y
procède en général. Les deux extrémités du fil
simple, ou bien du toron rendu rigide par de la
soudure, sont d'abord taillées en biseau et limées
de façon à s'ajuster exactement; ces extrémités
rapprochées ont alors l'apparence d'un fil ordinaire. Au moyen d'un petit étau double, on
maintient les deux portions de fil l'une contre
l'autre, et on les recouvre de fil de cuivre très
fin qui forme une gaîne que l'on soude au conducteur. On pourrait dès lors considérer l'opération comme terminée, car la soudure qui
recouvre en entier le fil fin, donne à l'ensemble
la rigidité et la solidité nécessaires; mais on
préfère recouvrir encore la première gaîne d'une
seconde couche de fils fins, exactement semblable à la première, et que l'on ne soude cette
fois qu'à ses deux extrémités.

Le joint devient certainement moins extensible que le reste du conducteur; mais si, par un
effort mécanique, il venait à être disjoint, la
dernière enveloppe de fil fin qui l'entoure en
spirale, et n'est soudée qu'aux extrémités, main-
tiendrait la communication électrique, puisqu'elle serait simplement étirée comme un
ressort à boudin.

Ce mode de soudure n'a jamais causé aucune

interruption depuis que l'on s'en sert. Lors de la transformation du câble d'Emden dont les anciens fils ont servi à la manufacture d'un câble nouveau (1), construit par M. Henley, pour la Compagnie du télégraphe sous-marin, toutes les anciennes jointures du fil furent examinées et éprouvées, et parmi celles qu'il fallut remplacer, aucune ne manqua par défaut de continuité. L'isolement seul laissait parfois à désirer, là où l'effort mécanique avait étendu et aminci la couche de gutta-percha qui recouvrait la soudure.

Propriétés électriques du conducteur.

Le cuivre est ce que l'on est convenu d'appeler un bon conducteur de l'électricité et n'offre qu'une faible résistance au passage du courant électrique, c'est-à-dire qu'avec une pile donnée, on transmettrait un courant bien moins fort à travers un fil de fer ou de plomb, qu'à travers un conducteur de cuivre ayant la même longueur et le même diamètre.

La résistance électrique des divers métaux se trouve dans le tableau ci-dessous, où l'argent est pris comme unité. Cette table est extraite des expériences faites par le Dr Matthiesen, pour le comité de l'Association britannique, chargé, par

(1) Ce câble fut posé en deux sections, en octobre 1867. Il joint Douvres à la Panne, village de Belgique, situé à quelques lieues de Dunkerque. Il a quatre fils, dont deux sont neufs, et les deux autres proviennent de la démolition d'une partie de l'ancien câble de Cromer à Emden.

cette Société, de la recherche d'un étalon de résistance électrique.

Le chiffre le plus bas indique, bien entendu, le meilleur conducteur :

Argent écroui	1,00
Cuivre	1,00
Or	1,28
Laiton	4,50
Fer.	5,94
Alliage d'or et d'argent.	6,65
Etain.	8,09
Plomb	12.02
Métal blanc d'Allemagne	12,82
Alliage d'argent et de platine . . .	14,93
Mercure	58,15

La conduction s'opère à travers la masse et non par la surface du fil. Un fil solide et un toron du même poids sont également bons conducteurs; seulement, grâce à l'induction latérale dont il a déjà été question. il y a moins d'avantage à employer le toron dans un long câble.

Propriétés chimiques du conducteur.

Un courant partant du pôle cuivre de la pile et suivant le conducteur, causera, s'il se perd à la mer par une fissure de la gutta-percha, la formation d'un chlorure de cuivre soluble dans l'eau. Le cuivre serait ainsi graduellement détruit et rongé par cette action chimique, d'où résulterait une solution de continuité métallique qui interromprait les transmissions par le câble.

Un courant partant du pôle zinc de la pile et

fuyant de même à la mer, occasionnerait seulement un dépôt de soude sur le fil, ce qui augmenterait la perte et tendrait à élargir la faute (1). On emploie souvent un fort courant négatif pour forcer les fautes graves qui, tout en empêchant les transmissions, ont cependant assez de résistance pour prévenir une perte complète du courant à la terre.

Résistance.

Le courant produit par une pile dépend non-seulement de la longueur et de la dimension du conducteur, mais aussi du métal dont ce conducteur est formé. Une pile produit environ six fois plus de courant sur un fil de bon cuivre (2) que sur un fil de fer de mêmes dimensions.

La propriété du conducteur déterminant la quantité de courant qui passera dans des circonstances données et constantes, s'appelle résistance.

Plus la résistance est grande, moindre est le courant utilisé, et *vice versâ*. Chaque métal et chaque alliage a sa résistance spécifique propre, d'après laquelle la résistance d'un fil de dimensions données peut aisément se calculer. Il arrive, en outre, que divers spécimens de cuivre commercial diffèrent extrêmement dans leurs propriétés électriques, de sorte qu'un fil de cuivre d'une certaine qualité transmet parfois jusqu'au double des signaux obtenus sur un autre

(1) Cantor Lectures. F. Jenkin.
(2) Densité du cuivre pur (Miller) 8,952
     id.   id.   pour câble (W. Smith). 8,899

fil du même métal, ayant exactement les mêmes dimensions, et apparemment semblable en tout au premier.

Sir William Thomson attira le premier l'attension sur ce fait, en 1857, à l'occasion du premier câble de l'Atlantique. Il peut paraître sans importance de connaître la résistance d'un conducteur, puisque le courant peut toujours être augmenté par l'addition de nouveaux éléments à la pile employée; mais il a été démontré que la rapidité avec laquelle la succession des courants distincts qu'il est nécessaire de produire dans un long câble sous-marin, afin d'obtenir des signaux de transmission, est, toutes choses égales d'ailleurs, inversement proportionnelle à la résistance de son conducteur ; de sorte que la valeur commerciale d'un câble, comme instrument de transmissions, dépend de cette résistance, que l'on peut diminuer par l'augmentation des dimensions du conducteur et de la matière isolante, ou encore, si l'on veut restreindre la dépense, en choisissant simplement, pour conducteur, le cuivre qui possède la plus faible résistance spécifique (1).

Ce point est clairement expliqué dans l'extrait suivant d'un mémoire présenté par sir W. Thomson, à la Société royale, dans la séance du 15 juin 1857 : « Pour montrer combien il est « important, pour les actionnaires des Compa- « gnies de télégraphie sous-marine, de n'ad- « mettre absolument que la meilleure qualité de

(1) North British Review. Décembre 1866.

« cuivre dans les conducteurs, on doit simple-
« ment remarquer que, si l'on construisait un
« câble électrique sous-marin avec le fil de
« cuivre de qualité A, ayant seulement 1/21 de
« pouce de diamètre et recouvert de gutta-per-
« cha au diamètre de 1/4 de pouce, on ferait,
« avec la même force électrique et les mêmes
« instruments, plus d'ouvrage télégraphique,
« qu'avec un autre câble construit avec du fil
« de cuivre de qualité D, de 1/16 de pouce de
« diamètre et recouvert de gutta-percha à
« l'épaisseur de 1/3 de pouce. »

Amélioration du cuivre.

La valeur d'un câble peut ainsi être augmentée de 40 pour cent par le choix judicieux du
conducteur (1), et le meilleur métal à employer
est le cuivre le plus pur que l'on puisse fabri-
quer. Comme moyen de purification, le Dr Matthiesen propose l'injection du gaz hydrogène
dans la masse du métal en fusion.

Il estime le coût de cette opération à environ
12 fr. 50 par mille de fil télégraphique de dimensions ordinaires.

Dimensions du conducteur de quelques câbles.

Le plus gros conducteur cuivre que l'on ait

(1) Le cuivre du câble Atlantique de 1858, était si
mauvais, que M. Varley a démontré que, pour obtenir
de ce câble sept mots par minute, il eût fallu donner
à l'isolement un diamètre de 55 mètres; tandis qu'en
accroissant de 12 millimètres le diamètre du cuivre,
sans rien changer à la gutta-percha, on eût pu transmettre seize mots par minute.

encore employé jusqu'ici dans les câbles, est celui qui relie Malte à Alexandrie par Tripoli et Benghazi.

Le conducteur du câble Atlantique français aura le même diamètre, mais il sera formé de cuivre d'une qualité supérieure.

Le câble d'Alexandrie a fait époque par suite des soins minutieux apportés aux épreuves électriques du cuivre et de l'isolement, durant la construction et la pose. Le conducteur, qui est un toron de 4 millimètres de diamètre, pèse 180 kilogrammes au mille. Sa qualité est 85,39 pour cent de celle du cuivre pur, et est inférieure à celle de câbles importants construits depuis; mais elle est supérieure à celle du cuivre employé dans le câble de la mer Rouge. Ce fil de cuivre a été payé à raison de 3 fr. 75 le kilogramme.

Le conducteur des câbles transatlantiques de 1865 et 1866, pèse 135 kilogrammes au mille; le diamètre du fil est de 3 millimètres 7, et la qualité est d'environ 94 pour cent de celle du cuivre pur.

Prix du fil de cuivre.

Le prix du fil de cuivre préparé spécialement pour les câbles sous-marins, et dont la conductibilité n'est pas moindre de 85 pour cent de celle du cuivre pur, est actuellement d'environ 3 fr. le kilogramme. Le toron du câble de Cuba, qui pèse 48 kilog. 150 au mille, a été payé 145 fr. par le constructeur.

Les meilleurs cuivres pour usage télégraphique sont ceux du Lac supérieur et de Burra-Burra. Ceux de Demidoff et de Rio-Tinto leur sont très inférieurs et doivent être écartés.

II.

Isolement.

Nous avons vu plus haut comment, dans le cas du toron de cuivre, le fil central était enduit de composition Chatterton, et qu'on faisait en outre passer le conducteur à travers un bain chaud de cette matière avant de le recouvrir de gutta-percha.

Composition Chatterton.

La composition Chatterton est un mélange de gutta-percha, de goudron de Stockholm et de résine; outre ses propriétés isolantes, cette matière offre aussi de très grands avantages en ce qu'elle cimente parfaitement entre eux le fil de cuivre et la gutta-percha, et même cette dernière matière à elle-même. Il n'est pas douteux qu'elle remplit aussi les bulles et crevasses qui se produisent, parfois encore, dans la manufacture, et qu'elle prévient ainsi des fautes originelles. Autrefois, lorsque l'on recouvrait simplement le fil de cuivre d'une ou plusieurs gaînes de gutta-percha, sans avoir recours au ciment, il n'était pas difficile de détacher les diverses couches de gutta-percha dont le fil était recouvert, et même d'arracher le fil de l'isolateur.

Le danger qu'il y aurait à négliger l'emploi

de cette substance sera suffisamment signalé, lorsque nous aurons dit que, dans de grandes profondeurs, l'effet de la pression de l'eau sur le fil, et son absorption par les pores de la matière isolante, ont souvent permis à ce liquide de pénétrer jusqu'au cuivre dans toute sa longueur, occasionnant une oxydation destructive. Cet accident n'est pas, il est vrai, de nature à amener l'interruption des correspondances, car là où l'eau trouve un écoulement intérieur, elle est probablement si bien isolée de l'extérieur, grâce à l'extrême ténuité des pores par lesquelles elle s'est introduite, qu'elle n'occasionne pour ainsi dire aucune perte grave ; mais elle cause de sérieuses difficultés, et peut même amener la destruction de l'isolement, lorsqu'il s'agit, pendant les réparations, de souder un morceau de câble neuf à l'ancien.

Les câbles actuels ne permettent aucun écoulement de l'eau le long du fil conducteur, grâce à l'usage du ciment Chatterton. Cette composition a été employée pour la première fois dans le câble d'Emden, posé en 1858, où elle servit à cimenter entre elles les couches dont se compose l'enveloppe isolante.

Ce ne fut qu'à l'occasion de la manufacture du câble d'Alexandrie, en 1861, que cette matière fut employée à remplir les interstices du toron, formant le conducteur de ce câble, et depuis cette époque, tous les câbles qu'on a construits en Angleterre ont eu leur conducteur cimenté de la même façon à l'isolateur.

Avant d'expliquer comment les différentes

couches de gutta-percha sont appliquées sur le fil de cuivre, il ne sera pas inutile de rappeler l'histoire de cette substance et de donner quelques renseignements importants sur sa manufacture.

Gutta-percha. — Son histoire.

La gutta-percha était complétement inconnue comme matière commerciale, et peut-être même de nom avant 1844. On prétend que Tradescant, jardinier de Charles Ier d'Angleterre, introduisit cette substance dans le musée qui porte son nom, et que les bols et gobelets de « Mazer Wood, » que l'on vendait de son temps, en étaient formés. On a aussi depuis longtemps importé de la Chine et de l'Orient, des cannes et cravaches élastiques faites de cette matière.

La gutta-percha provient de l'arbre à gomme appelé « Isonandra gutta, » de l'ordre des sapotacées. La découverte de cette substance, et surtout de sa valeur commerciale, est attribuée au Dr Montgommery, chirurgien-résidant de Singapore. Il fut un jour frappé de l'apparence singulière du manche de la hache dont se servait un bûcheron malais. Le bois de cette hache lui parut fabriqué d'une matière tout à fait nouvelle, et il découvrit, après avoir questionné le bûcheron, qu'il provenait d'une matière gommeuse rendue plastique en la chauffant dans l'eau bouillante, et que l'on pouvait alors mouler comme du plâtre, après quoi elle reprenait, en refroidissant, la dureté et la rigidité du bois.

Reconnaissant l'importance d'une matière possédant de pareilles propriétés, M. Montgommery s'enquit des lieux où on la trouvait, et s'assura qu'elle provenait, comme le caoutchouc, du jus visqueux qui s'écoule de la blessure faite à certains arbres. Il s'en procura divers spécimens qui furent expédiés à Londres, et la Société des Arts, pour reconnaître la valeur d'une découverte aussi importante, décerna sa médaille d'or au Dr Montgommery.

La gutta-percha fut ainsi introduite dans le commerce, et M. Charles Hancock prit, en 1846, un brevet par lequel il appliquait l'usage de cette substance à plusieurs objets nouveaux. C'est en grande partie à ses efforts, joints à ceux de la Gutta-Percha Company, que cette manufacture a pris le développement qu'on lui connaît.

La gutta-percha se trouve en abondance dans l'Archipel malais. Le jus laiteux et visqueux qui la compose est récolté par les natifs, dans des moules en terre, ayant souvent d'étranges formes; il s'y coagule promptement, et on l'expédie en Europe à l'état brut.

La densité de cette substance est 0,969.

Purification et manufacture de la gutta-percha.

La manufacture de la gutta-percha exige une série de nettoyages, impliquant l'emploi de nombreuses machines, qui écartent, de la substance brute fournie par l'importation, les matières étrangères, telles que pierres, écorces d'arbres, etc., qu'on y trouve mélangées.

Pour effectuer cette séparation, les blocs de gutta-percha brute sont d'abord coupés en tranches fines, par un coupe-racines, formé d'une roue verticale, munie de couteaux *ad hoc*. Cette roue fait jusqu'à 200 révolutions par minute. Les tranches ainsi obtenues sont purgées, à la main, des matières les plus grossières qu'elles contiennent, et on les jette ensuite dans l'eau chaude.

Après avoir bouilli quelque temps, la masse, devenue pâteuse, est placée dans un cylindre en fer muni, à l'intérieur, d'un axe garni de dents. Cet axe est mis en mouvement rapide et déchire la matière en morceaux; ainsi déchiquetée, elle est jetée dans l'eau froide; la gutta-percha s'élève à la surface, tandis que les impuretés tombent au fond du réservoir.

Après ce nettoyage, on transporte la gutta-percha dans des récipients d'eau bouillante; puis, lorsqu'elle a pris la consistance voulue, elle est transférée dans des masticateurs, qui la transforment en une pâte homogène et uniforme, tout en la débarrassant, par un filet d'eau froide, des matières étrangères qu'elle peut encore contenir. Toutes ces opérations sont poussées à un degré plus ou moins étendu de perfection, suivant la pureté que l'on désire lui donner. Parfois, un traitement chimique bien ménagé lui donne la propreté que l'on ne pourrait atteindre par les moyens mécaniques; mais comme le degré d'isolement n'est pas très sensiblement augmenté par l'extrême pureté de la matière, on se contente généralement des moyens mécaniques pour purger la gutta-percha destinée à recouvrir les fils télégraphiques. Dans les cas où

on désire l'avoir absolument pure, on la dissout
dans de la benzole, et l'on précipite cette dissolution. En cet état, elle est parfaitement blanche
et sans mélange.

Fabrique des fils recouverts de gutta-percha.

La pâte, une fois préparée pour la fabrication
du fil, est placée dans des cylindres chauffés à
la vapeur et munis de pistons. Ils aboutissent à
une matrice, ou moule de forme conique, très
ingénieusement disposé, et à travers lequel la
marche graduelle du piston force la gutta-percha
à passer, en se moulant sur le fil de cuivre qu'elle
rencontre. Ce fil, déjà enduit de composition
Chatterton, est maintenu à un degré de chaleur
convenable, par une série de becs de gaz disposés
sur son parcours.

La première gaîne de gutta-percha, une fois
appliquée sur le fil, se trouve, à la sortie du
moule, en contact avec de l'eau maintenue constamment froide, dans de longs augets, que le
fil doit parcourir avant d'arriver aux bobines sur
lesquelles on l'enroule.

Il y a deux cylindres à chaque machine, disposés de façon qu'on évite le chômage en chargeant l'un d'eux de pâte, tandis que l'autre se
décharge par le moule. On conçoit qu'en fabri-
quant des fils télégraphiques, il est essentiel de
maintenir le conducteur parfaitement au centre
de la gutta-percha. Ce résultat s'obtient au
moyen de guides et d'une disposition particulière
du moule dont nous avons parlé.

Plusieurs couches sont successivement appliquées sur le fil, jusqu'à ce que l'on ait obtenu l'épaisseur voulue ; chaque gaîne est d'ailleurs soudée à celle qui la précède par un enduit de ciment Chatterton.

Toutes ces opérations exigent de grands soins, et la pâte doit être constamment maintenue au même degré de température convenable, afin d'éviter la formation des bulles d'air si nuisibles à l'isolement.

Les couches successives données généralement aux fils des câbles sous-marins, sont une garantie presque certaine que des bulles d'air, ou autres défauts semblables, ne se reproduiront pas facilement au même point, dans chacune d'elles.

Malheureusement on constate encore parfois des bulles d'air, et ces cavités ne manquent jamais de se remplir d'eau, après la pose, par l'effet de la haute pression à laquelle le fil est soumis ; et sous l'influence des courants dont on ne ménage pas toujours convenablement la puissance, on a vu des fautes de ce genre s'aggraver assez pour arrêter entièrement les transmissions.

Epreuve des fils par la pression.

On a, depuis quelques années, obvié à ce défaut, par l'usage d'une machine inventée par M. W. Reid. Cette machine consiste en un large cylindre en fonte, muni d'un grand couvercle mobile, qui permet de placer à l'intérieur les rouleaux du fil à éprouver. Ce couvercle se fixe au moyen d'un écrou et est construit parfaitement étanche. On fait le vide dans le cylindre, puis on y force de l'eau à la pression désirée. Cette pression peut être élevée à 1,400 kilogrammes par centimètre carré, ce qui correspondrait à une profondeur d'environ 14 kilomètres. Une des extrémités du fil est conduite, à travers une boîte étanche, de l'intérieur du cylindre au galvanomètre d'essai; l'autre extrémité est scellée et parfaitement isolée. On applique alors un courant intense sur le fil, et on le maintient pendant quelques heures, afin de lui permettre de forcer les plus petites fautes, pendant l'application de la pression. Si le fil n'est pas parfait ou si la plus légère bulle d'air s'est formée durant la manufacture, elle est immédiatement indiquée par le galvanomètre.

Cette fuite est alors recherchée, et nous verrons plus tard comment on la localise.

On varie d'ordinaire la pression appliquée sur le fil, à la profondeur où doit reposer le câble en construction. Par exemple, si, durant la pose, le câble doit descendre à mille brasses de profondeur, la pression à appliquer devrait être d'environ 185 kilogrammes par centimètre carré (1). L'importance de cette épreuve est très grande

(1) Une pression uniforme comme celle à laquelle les câbles sont soumis sous l'eau, augmente considérablement les qualités électriques de la gutta-percha et sa résistance isolante. D'après les expériences de M. Siemens, cette augmentation à 24° c. est d'environ 60 pour cent pour chaque tonne de pression par pouce carré, correspondant à environ 1,550 mètres de profondeur.

puisque, à part toute influence électrique, la moindre bulle peut finir par crever d'elle-même, par suite de l'infiltration de l'eau, qui la pénètre toujours avec le temps. Cette eau, une fois à l'intérieur de la bulle, se décompose en partie, et les gaz ainsi produits déchirent l'enveloppe. Ces ravages s'étendent promptement, sous l'action des courants, jusqu'à l'exposition à nu du conducteur.

Propriétés mécaniques de la gutta-percha.

La force d'extension de la gutta-percha est considérable; elle supporte environ 245 kilogrammes par centimètre carré. Cependant, en raison de sa grande élasticité, elle n'ajoute qu'environ un tiers de sa force résistante à celle du conducteur. Cette addition est approximativement de 20 pour cent pour les fils fins, et de 30, 40 et même 50 pour cent pour les fils plus gros. Elle s'étend de 50 à 60 pour cent, et même plus, sans rompre, mais elle cède presque toujours en même temps, ou à peu près, que le cuivre intérieur (1). Une exception remarquable à cette règle se produisit dans la rupture du câble de Bonifacio à la Sardaigne, en février 1862 : les six conducteurs étaient rompus à l'intérieur de la gutta-percha, et l'enveloppe résistante des fils de fer était parfaitement rongée; néanmoins, la gutta-percha des six fils put soutenir sans rompre le poids du balant du câble, et ne céda

____

(1) Cantor Lectures.

qu'un mois plus tard, sous l'effort du relèvement (1).

La gutta - percha supporte parfaitement le
nouage, la compression et l'extension sans s'al-
térer sensiblement; mais on la perce aisément
avec une pointe ou un instrument tranchant. Un
fil de gutta-percha, bien fabriqué, n'éprouve aucune diminution sensible de son isolement, par
suite du nouage ou de la torsion, et si, après
une de ces opérations, on coupe la gutta-percha
pour examiner le fil de cuivre, on peut s'assurer
qu'il n'est nullement décentré par cette action
mécanique.

La gutta-percha devient plastique à environ
37° centigrades et ne devrait jamais être élevée
à une température supérieure à 32° après sa manufacture. La facilité avec laquelle cette matière
se ramollit, à des températures comparativement
peu élevées, est un défaut considérable qui amène
parfois des accidents graves, et l'on a vu, dans la
construction du premier câble Atlantique, en
1857, des portions notables du fil de ce câble
détruites par l'action du soleil.

Ce sont là assurément des inconvénients faciles à éviter en pratique; mais cette matière a
d'ailleurs tant d'autres mérites, qu'il est permis
de signaler ses imperfections. Plus de 30,000
milles de fil recouvert de gutta-percha ont été
submergés; une portion, malheureusement trop
considérable, de ces fils a dû être relevée, après

(1) M. France a observé un fait analogue sur un
des câbles belges.

un séjour de plusieurs années, dans des régions diverses du globe, aussi bien dans des bas-fonds qu'à des profondeurs variant de 1,800 à 3,800 mètres, et l'on n'a pas trouvé un seul indice de destruction ou même de décomposition dans ces longueurs. On a accusé, il est vrai, la gutta-percha d'être très périssable à l'air libre, parce que certains articles se sont détériorés au bout d'un certain temps; mais l'oxydation, ou absorption d'oxygène, que l'on suppose avoir lieu dans les fils nus, devrait cesser dès que ces fils sont soigneusement recouverts d'une enveloppe protectrice, telle qu'un vernis ou une toile goudronnée.

L'oxydation n'est du reste pas la seule cause du dépérissement des fils exposés à l'air, puisque, presque toujours, ils deviennent promptement secs et cassants, en dépit de toutes les précautions. Les prix si différents que l'on note dans les marchés publics où se vend cette matière, prouvent clairement qu'il existe une variation considérable dans les qualités, bien que la gutta-percha soit une substance végétale simple comme la gomme ou l'anyline.

Non-seulement les natifs indiens, qui expédient la matière première en Europe, négligent souvent la dessication complète de certains produits, de sorte qu'il faut s'attendre à recevoir parfois des Indes, des échantillons renfermant des liquides putréfiés, qui occasionnent la décomposition et la pourriture de la masse; mais encore, il est maintenant avéré que le choix de la plante, son âge et même l'époque de la récolte des jus, réclament les plus grands ménagements. Enfin, certaines matières que l'on vend dans le commerce sous le nom de gutta-percha n'en sont pas véritablement.

Les recherchès faites à la Guiane et dans l'Amérique du Sud, après la découverte du Bolletree de Surinam, qui fournit une excellente gutta-percha (identique en tous points à celle qui vient de l'archipel de la Sonde), ont eu pour résultat d'introduire dans le commerce de nombreuses gommes, semblables au caoutchouc et à la gutta-percha, et qui se vendent comme telles, bien qu'elles soient loin d'en posséder toutes les excellentes qualités.

A Sumatra, où se centralise maintenant presque tout le commerce de la gutta-percha produite par les îles Malaises, on connaît six qualités différentes de cette matière, dont la meilleure est celle que fournit l'Isonandra Gutta ; puis, par ordre de mérite, celles que l'on extrait du Pomags, du Poelei, de l'okkar Ugarib, du Baganrin et du Doeriaun, noms qui seront sans doute inconnus à quelques botanistes. Les causes de destruction remarquées exigent donc une investigation complète et une étude de nombreuses circonstances que l'on paraît avoir totalement négligées jusqu'ici.

Résistance mécanique. — Absorption de l'eau.

Il est certain toutefois que cette substance n'est ni aussi périssable, ni aussi délicate que l'on s'est plu à le dire. Elle résiste à de grandes tractions, et on l'emploie avantageusement à fa-

3.

briquer des courroies de transmission. M. Fairbairn a signalé, depuis longtemps, la supériorité de cette matière sur le caoutchouc, pour les câbles des grandes profondeurs, en raison de la quantité comparativement très faible d'eau qu'elle absorbe. Les formes nouvelles de câbles en caoutchouc ont sans doute été bien améliorées sous ce rapport; mais M. Siemens a constaté que l'absorption de l'eau était, pour le caoutchouc pur, de 25 pour cent, pour le caoutchouc vulcanisé, 10 pour cent, et pour la gutta-percha, 1 1/2 pour cent de leur poids respectif; ces quantités se réduisaient à 3.2.9, et 1 pour cent respectivement dans l'eau salée (1). Dans les essais faits par M. Siemens, l'absorption fut continue pendant 300 jours, et elle était huit fois plus grande, pour le caoutchouc, à 50° centigrades qu'à 5°. Pour la gutta-percha, l'absorption était seulement doublée par l'élévation de température. M. Siemens pense que la pression affecte très peu l'absorption (2).

La quantité d'eau qu'absorbe la gutta-percha ne l'endommage en rien. Cela a été abondamment prouvé par les nombreux câbles qui ont été tout dernièrement submergés dans de très grandes profondeurs.

Les câbles de l'Atlantique éprouvent, dans les plus grandes profondeurs, qui atteignent

(1) Ces résultats ne sont pas d'accord avec ceux qui ont été obtenus et publiés par le comité réuni par le Board of Trade et la Compagnie du Télégraphe Atlantique.

(2) Cantor Lectures.

2,430 brasses, une pression d'environ 450 kilogrammes par centimètre carré ; cette pression énorme n'augmente pas l'absorption de l'eau, elle cause au contraire une espèce de consolidation des molécules de la matière, dont le résultat est d'améliorer considérablement l'isolement. Depuis l'immersion de ces câbles, M. Latimer Clark a constaté que cette amélioration était de près de 200 pour cent ; ce résultat n'est pas dû entièrement à la consolidation de la gutta-percha, l'abaissement de la température y a aussi sa part.

Prix de la gutta-percha.

Les prix de la gutta-percha, à l'état brut, suivent des cours assez variés ; la matière manufacturée pour usage télégraphique coûte, en Angleterre, environ 3 schellings par livre de 453 grammes, soit à peu près 850 fr. les 100 kilos. Ce prix varie souvent : ainsi la gutta-percha du câble transatlantique de 1857, coûtait 915 fr. par mille de 118 kilogrammes.

Soudures des fils de gutta-percha.

La manufacture des fils destinés à la construction de câbles télégraphiques, s'opère généralement par longueurs d'un mille marin. Lorsqu'il est nécessaire de joindre bout à bout deux longueurs, on commence par établir la continuité du conducteur de la manière que nous avons décrite, puis on nettoye avec soin cette soudure, afin de n'y laisser aucune impureté, après quoi on la recouvre entièrement d'une première couche de ciment Chatterton. On procède alors, au moyen d'une lampe à esprit de bois, au ramollissement des deux extrémités de la gutta-percha, que l'on rapproche ensuite l'une de l'autre, en les étirant de façon à recouvrir entièrement le conducteur. La gutta-percha, rendue plastique par la chaleur, se manipule délicatement, de façon à amalgamer parfaitement ensemble les deux couches superposées. Cette première enveloppe se recouvre alors d'une nouvelle couche de ciment Chatterton, que l'on égalise au moyen d'un fer chaud de construction spéciale; puis on prépare, en l'échauffant convenablement, une pièce de gutta-percha en feuille, d'une épaisseur relative à la force du fil, on la taille de la dimension nécessaire, et on l'applique, à chaud, sur la première couche que l'on a également réchauffée; les bords de cette feuille sont rapprochés de telle sorte qu'elle enveloppe exactement et complétement le fil sans y laisser subsister aucune bulle d'air, et on coupe les bavures au ras du fil. La ligne de suture ainsi produite, est aplanie au fer chaud, de même que les nœuds de jonction des deux extrémités, et la difficulté de l'opération consiste principalement à marier, aussi intimement que possible, la gutta-percha du joint à celle des deux morceaux de fil; cette dernière opération se fait entièrement à main d'homme et sans outil; et c'est par une manipulation intelligente, aidée d'un ramollissement convenable de la masse du joint, qu'on parvient à en chasser toutes les bulles d'air et à former du tout une pâte homogène, qui conserve, toutefois, la trace des différentes couches dont elle se compose. Le joint achevé, on le recouvre en entier de ciment Chatterton, et parfois aussi de bandes spiralisées de caoutchouc pur. La couleur foncée donnée au joint par le ciment, ainsi que le renflement produit dans l'apparence du fil par ce nœud de soudure, permettent toujours de retrouver une jointure lorsque le fil est soumis à un examen. Il est d'ailleurs d'usage de marquer chaque joint d'un signe particulier à l'ouvrier qui l'a fait, et on lui fait subir, après une immersion de plusieurs heures dans l'eau froide, une épreuve électrique sévère, dont il sera question plus tard. S'il est admis, on le fait passer dans l'âme du câble, tout en conservant sa position, par une marque extérieure qui indique et permet de retrouver facilement le joint et chacune des sections milliaires dont le fil est formé.

Emploi de la naphte au bois dans les lampes à jointure.

Il est nécessaire de joindre une très grande propreté à beaucoup d'habileté dans la manufacture des jointures, et l'on emploie souvent deux ouvriers différents pour la soudure du fil de cuivre et pour celle de la gutta-percha. Avant de commencer la seconde opération, il est indispensable de nettoyer scrupuleusement, avec de la naphte au bois, la gutta-percha sur laquelle le joint doit être fait ; on n'y apporte jamais trop de soin, surtout lorsqu'il s'agit d'unir de la matière nouvelle à de l'ancienne, comme cela se pratique toujours lors des réparations. Pour ce nettoyage, comme pour la lampe, on doit employer exclusivement la naphte extraite du bois; celle que l'on tire du charbon de terre a souvent été fatale aux jointures faites par son intermédiaire. M. France, ingénieur de la Compagnie du Télégraphe sous-marin, qui est certainement un des hommes les plus expérimentés en télégraphie sous-marine, affirme que plusieurs de ses expéditions, dans la Manche, n'ont pas eu d'autre but que la réparation de jointures faites à la naphte au charbon de terre. L'agrégation des feuilles ou couches de gutta-percha avait été très imparfaitement faite, à cause des huiles essentielles nuisibles que contient ce produit; elles s'étaient désunies et avaient causé une fuite fatale aux transmissions, que les piles avaient bientôt empiré assez pour que la réparation devînt indispensable.

Jointure Siemens.

On a pratiqué, chez MM. Siemens, un autre genre de jointure, dont M. Sabine rend compte dans son *Traité du Télégraphe électrique*. Il consiste à couper le conducteur au ras de la gutta-percha, dans les deux bouts à joindre, puis à chauffer chaque fil à la lampe à esprit de bois, de façon à ramollir la matière isolante sur une longueur de 7 à 8 centimètres; on repousse alors la gutta-percha de chaque côté, de façon à mettre le conducteur à nu, sur cette longueur, et à produire, de chaque côté, une boule de matière ramollie. Les fils conducteurs sont alors raccourcis à la longueur voulue, pour former le joint en biseau ordinaire, que l'on nettoye ensuite et que l'on recouvre de ciment Chatterton. Puis on échauffe une des masses de gutta percha, que l'on étire sur le fil conducteur jusqu'au pied de l'autre masse, faisant autant que possible pénétrer cette gutta-percha sous celle qui forme le pied de la boule. On recouvre de composition Chatterton, puis l'on chauffe et étire la seconde masse de gutta-percha au-dessus de la première couche, les mariant entre elles le plus possible ; on passe enfin une dernière couche de composition Chatterton, puis, au-dessus, une enveloppe de minces lanières de gutta-percha qui s'étendent au-delà des deux extrémités du joint. Ce mode de jointure a l'avantage d'éviter le mélange de gutta-percha nouvelle à celle des fils qui peuvent avoir déjà un certain âge, et l'on comprend qu'elle est surtout applicable aux réparations en mer.

Il y a quelques années, les soudures manquaient fréquemment, non pas précisément après la manufacture, mais quelques mois plus tard. Elles devenaient dures et cassantes, se rétrécissaient sensiblement, en laissant une ouverture entre la gutta-percha neuve du joint et celle plus ancienne du fil. Ce défaut devait sans doute être attribué à la surchauffe de la matière, au manque de soins apportés à la manufacture et à l'emploi d'huiles minérales dans la lampe à souder. Le procédé est maintenant très sûr et parfaitement compris, mais il exige l'emploi d'un ouvrier habile, dont il doit être la spécialité, et l'on comprendra l'importance d'une bonne jointure, en songeant que si l'une des 2,300 sou-

dures que compte chacun des deux fils de l'Atlantique, venait à manquer, elle produirait une
faute suffisamment grave pour amener, après
peu de temps, la cessation de toute communication par le câble.

Caoutchouc.

Le caoutchouc a été employé, au début, comme
matière isolante du conducteur de quelques câbles
sous-marins ; mais son succès avait été tellement incertain, dès l'abord, qu'on semblait y
avoir renoncé complétement. On a néanmoins
fabriqué, depuis quelques années, des échantillons excellents qui ont fait revenir les ingénieurs
de préventions basées sur des produits de mauvaise fabrication.

Sa préparation.

Il y a plusieurs manières de préparer le
caoutchouc. Lorsqu'on l'emploie à l'état naturel,
c'est-à-dire sans lui faire subir aucune mastication préalable, on le coupe en tranches minces,
comme la gutta-percha, à l'aide d'un coupe-racines, puis on soumet la matière au lavage et à
un procédé de purification. On expose ensuite
ces tranches à une haute température sèche,
qui fait évaporer toute l'humidité qu'elles contiennent, et au bout de quelques heures la surface des tranches a acquis un caractère sensible
d'adhésion. C'est alors que l'on place la masse
sous de puissantes machines hydrauliques, ou
sous des presses à anti-friction, qui la transforment en un bloc solide et cylindrique, dans le-

quel on a introduit un axe en fer qui s'adapte, par engrenage, à la machine à découper, et permet de débiter le bloc ainsi formé en une feuille égale et continue de caoutchouc pur et naturel. Cette feuille est à son tour découpée en zones ou bandelettes, dont on se sert pour recouvrir le conducteur d'une série de spirales, formant une enveloppe de l'épaisseur convenable. La masse du caoutchouc est ensuite consolidée, en la soumettant à une haute température pendant quelques heures.

Mastication.

Lorsqu'on se sert de caoutchouc mastiqué, on le fait passer dans des triturateurs semblables à ceux employés pour la gutta-percha ; les dents des masticateurs et la chaleur dégagée par la friction, réduisent promptement le caoutchouc en une masse uniforme et homogène. L'eau que l'on fait circuler dans les cylindres, entraîne les impuretés avec elle. La matière subit ensuite une nouvelle mastication à sec, et on la travaille jusqu'à ce que toute l'humidité qu'elle contenait soit évaporée. On l'étire alors à travers des rouleaux bien dressés, qui la transforment en feuilles de l'épaisseur voulue. Mais ce dernier procédé altère profondément la structure du caoutchouc, et l'on considère maintenant la mastication comme un principe de destruction, qui arrive d'autant plus vite, que la matière est employée en zones spiralisées, appliquées sous une certaine tension qui favorise la desagrégation des molécules.

4

Autrefois les spirales de caoutchouc employées à l'isolement du conducteur étaient cimentées entre elles au moyen d'un dissolvant, mais on a remarqué que le fil ainsi fabriqué dépérissait promptement.

Consolidation du caoutchouc par la chaleur.

La chaleur fut ensuite employée à consolider la masse; mais beaucoup de fils ainsi fabriqués sont devenus gluants et semi-fluides avec le temps, non-seulement à l'extérieur, mais encore à l'intérieur et près du conducteur.

Ce changement est attribué à la mastication d'abord, qui est un principe de dissolution que vient développer la chaleur à laquelle le fil est soumis, pour cimenter entre elles les diverses couches de spirales dont il est composé. Il est certain que l'état moléculaire naturel au caoutchouc est profondément altéré, non-seulement par la trituration, mais aussi par la tension que subissent les bandes de caoutchouc appliquées spiralement autour du fil.

Enfin, il paraît que le contact du cuivre et du caoutchouc détermine une action chimique qui décompose ces deux subtances, et c'est pour l'éviter qu'on a depuis étamé ou verni le conducteur, ce qui a donné de meilleurs résultats.

Caoutchouc Hooper.

M. William Hooper semble avoir résolu, d'une manière très satisfaisante, le problème de l'isolement du conducteur au moyen du caoutchouc. Les fils du toron sont soigneusement étamés, puis recouverts des bandes spiralisées ordinaires ; cette première couche, composée de deux zones appliquées inversement, est formée de caoutchouc naturel. Sur ces deux couches on applique encore, en bandes spiralisées, ce que M. Hooper appelle le séparateur, qui est un mélange de caoutchouc et d'oxyde de zinc dans la proportion de 25 pour cent, mélange intime, qui s'opère par un procédé analogue à celui de la mastication.

En dehors, et sur le séparateur, on applique deux lanières longitudinales de caoutchouc, contenant 6 pour cent de soufre et environ 10 pour cent de sulfure de plomb, et que l'on a convenablement trituré et réduit en feuilles. L'application de ces bandes sur le fil ne se fait pas spiralement : les deux lanières de caoutchouc sont posées à plat, au-dessus et au-dessous du fil, et sont entraînées au travers de roues à gorge qui les appliquent sur le fil, tout en découpant les bavures des joints longitudinaux qui en résultent dans toute sa longueur. Le fil ainsi formé est immédiatement emprisonné dans une chemise en coton feutré et appliquée spiralement, qui maintient la forme du fil pendant l'opération de la recuite. Dans cette opération, la masse du caoutchouc est soumise à une température d'environ 120° centigrades, qui vulcanise la matière au degré convenable. Cette température réduirait à l'état fluide le caoutchouc pur non protégé et le rendrait gluant et sans valeur ; mais lorsqu'il est combiné comme nous l'avons décrit, le caoutchouc se cimente en une masse compacte et solide, qui ne retient même aucune trace des subdivisions ou joints primitifs. L'usage du séparateur a pour effet d'empêcher le soufre d'agir sur le caoutchouc intérieur et d'atteindre le conducteur qu'il attaquerait. M. Hooper a fabriqué des échantillons de son fil où il employait, comme séparateur, des feuilles de zinc ou d'étain, des fils de fer ou de l'oxyde de zinc pur; mais il semble s'être arrêté à la combinaison décrite plus haut, comme donnant de meilleurs résultats.

La recuite dure quatre heures et s'opère dans de grands réchauds cylindriques en tôle dans lesquels les couronnes de fil sont enfouies dans du plâtre en poudre, afin d'échauffer, également et en même temps, toutes les parties du fil. Ce plâtre empêche aussi l'adhérence du fil, au cas où il deviendrait gluant. La chemise de coton feutré, étant appliquée sous une forte tension, maintient suffisamment les diverses couches de caoutchouc en position et le conducteur au centre.

Soudures.

Les soudures sont faites à la manière usuelle pour le cuivre, et les diverses spirales de caoutchouc naturel, oxydé et vulcanisé, s'appliquent à la main et de manière à imiter aussi parfaitement que possible le restant de l'âme du câble. Puis on les enferme dans une boîte, où elles sont recuites pendant deux heures, sous l'influence d'un jet de vapeur ayant la même température que pour le fil.

Le caoutchouc ainsi durci semble résister plus

que tout autre aux influences atmosphériques. Quant à sa manière d'être sous l'eau, l'expérience de cette matière a été jusqu'ici de trop courte durée pour qu'on en puisse juger encore; mais sur cinq spécimens en caoutchouc, livrés au gouvernement des Indes par divers fabricants, pour être expérimentés dans le golfe Persique, la composition de M. Hooper a seule été reconnue durable au bout d'une année.

Le câble de Ceylan au continent indien, posé en 1866, a été fabriqué avec cette substance, et, outre la supériorité électrique qu'elle possède sur la gutta-percha dans les climats chauds, elle s'est montrée jusqu'ici très permanente dans ce câble. Elle est d'ailleurs très en faveur en ce moment, et plusieurs câbles considérables (1) viennent d'être isolés par le système de M. Hooper, et il n'est pas douteux qu'il convient de préférer le caoutchouc, ainsi modifié, à la gutta-percha, pour les câbles à poser dans les mers tropicales.

Combinaison de la gutta-percha et du caoutchouc.

M. Siemens a très heureusement combiné l'usage du caoutchouc et de la gutta-percha pour l'isolement des fils conducteurs. Il emploie, pour y arriver, une machine fort ingénieuse. Son procédé consiste dans la propriété qu'ont deux surfaces de caoutchouc fraîchement coupées

(1) La ligne dano-russe, qui rejoint Moen, Bornholm et Libau, et qui vient d'être tout récemment achevée par M. Henley, est entièrement isolée avec du caoutchouc Hooper.

4.

d'adhérer, lorsqu'après avoir été rapprochées, on les soumet à une forte pression. Deux longues bandes de caoutchouc sont posées au-dessus et au-dessous du fil conducteur à recouvrir; les bords de ces bandes sont coupées, puis immédiatement rapprochées et fortement comprimées autour du fil par des rouleaux; les bords se joignent sous la pression, de manière à former une couverture cylindrique continue, ayant deux soudures longitudinales courant dans toute la longueur du fil. On applique deux ou trois couches de caoutchouc en ayant soin de placer les joints ou soudures dans des plans différents, puis le tout est recouvert de gutta-percha par le procédé ordinaire. De cette façon le caoutchouc n'est ni échauffé, ni étendu, et les canaux en spirale, résultant du procédé d'application dont il a été parlé plus haut, sont entièrement évités. En outre, le caoutchouc, étant appliqué à froid devient rarement gluant; mais à moins d'être recouverts de gutta-percha, les joints longitudinaux restent exposés à s'ouvrir d'eux-mêmes.

Mélange de M. Wray.

Une autre composition donnant d'excellents résultats a été inventée par M. Léonard Wray. C'est un mélange de gomme laque, de caoutchouc, de silex ou d'alun pulvérisé et d'environ un neuvième de gutta-percha. L'addition de cette dernière substance augmente les qualités mécaniques du mélange, mais diminue son pouvoir isolant. Lorsqu'elle est chaude, cette composition devient très plastique et peut s'appliquer et se mouler à la façon de la gutta-percha ; elle peut aussi se souder de la même manière. Elle exige, pour fondre, une température bien plus élevée que la gutta-percha, et a l'avantage de ne subir aucun ramollissement sous l'effet d'une haute température climatérique. Elle est très tenace et très forte et, autant que l'expérience l'ait jusqu'ici démontré, d'une permanence remarquable. Ses propriétés isolantes sont supérieures à celles du caoutchouc, lorsqu'on supprime la gutta-percha dans sa fabrication, et l'induction est de très peu supérieure à celle du caoutchouc. Toutes ces qualités rendent ce mélange essentiellement propre à la fabrication des fils isolés destinés aux longs câbles sous-marins. Cette matière peut aussi, comme le caoutchouc de M. Siemens, s'appliquer par voie de compression de deux bandes coupées sur leurs bords et rapprochées par des rouleaux ; elle peut alors s'employer en conjonction avec le caoutchouc ou la gutta-percha. Elle ne subit, du reste, aucune altération par son contact avec le cuivre, que l'on peut employer, dans ce cas, sans avoir recours à l'étamage.

Fluide isolant de M. Hughes.

Le professeur Hughes, inventeur du télégraphe imprimant, a proposé l'emploi d'une matière isolante tout à fait particulière et toute nouvelle qui mérite l'attention. Le conducteur est d'abord recouvert d'une légère couche de gutta-percha par la méthode ordinaire, puis enclos dans un tube aussi en gutta-percha, dont l'espace libre est rempli d'une variété de goudron à odeur balsamique, appelée *fluide de Hughes*, et que l'on obtient, dit-on, par la distillation d'une ardoise bitumineuse.

L'isolement et l'induction se comportent dans cette matière comme dans la gutta-percha, ni mieux ni moins bien. Le caractère particulier de cette substance est d'une nature toute mécanique ; on peut percer le fil de trous avec une alène ou un canif sans endommager en aucune façon apparente l'isolement. Le goudron suinte par les ouvertures, se solidifie et cicatrise ainsi les blessures faites, restaurant l'isolement à mesure qu'on l'endommage. Une décharge de la bouteille de Leyde détruit promptement toute autre espèce de fil ; mais on peut faire passer avec impunité et sans dommage apparent, les décharges répétées de batteries puissantes au travers du câble de M. Hughes.

Le fluide bitumineux n'exerce aucune action destructive sur la gutta-percha, et tend plutôt à l'améliorer, puisqu'elle l'absorbe en quantité très notable. Rien n'a pu démontrer jusqu'ici la permanence de tous ces effets. Une des plus grandes et des plus sérieuses difficultés, dans l'état actuel de la télégraphie sous-marine, est l'apparence spontanée de fautes d'isolement dans des câbles submergés depuis déjà longtemps. Ces fautes augmentent graduellement, et il est presque impossible de leur attribuer une cause spéciale, bien que l'on puisse former à leur égard de nombreuses conjectures. La forme de câble de M. Hughes a des qualités de cicatrisation propre qui lui permettent de parer à ces défauts inexplicables.

Ce fil a été très habilement manufacturé et rempli de fluide en une seule opération par la Compagnie de la Gutta-Percha. Ses propriétés électriques ne sont pas sensiblement augmentées par l'accroissement de la quantité de fluide. M. Hughes propose de faire les soudures solides dans les câbles, afin de diviser en compartiments séparés chacune des longueurs jointes entre elles.

Gutta-Percha de M. Radcliff.

M. Radcliff prépare une variété de gutta-percha, par certains procédés chimiques inconnus, qui lui donnent une grande compacité et une élasticité voisine de celle du caoutchouc. L'isolement est à peu près double de celui de la gutta-percha ordinaire ; mais la capacité inductive spécifique et les autres propriétés ne sont pas changées en apparence.

Variété de M. Godefroy.

M. Godefroy prépare aussi une variété de gutta-percha, mélangée d'environ 20 pour cent de noix de coco en poudre et de 10 pour cent de caoutchouc. L'isolement de cette substance est semblable à celle de la gutta-percha ordinaire, mais son inductivité spécifique est un peu plus grande.

III.

Garniture de l'âme.

Ce qu'on appelle l'âme du câble.

L'âme du câble (et l'on appelle ainsi l'ensemble du fil conducteur et de l'isolement) est rarement employée seule comme moyen de communication télégraphique. Cette forme fut cependant adoptée par les alliés durant la guerre de Crimée, et les 300 milles de ce câble, formé uniquement d'un fil de gutta-percha de petite dimension et non protégé, purent maintenir nos communications télégraphiques avec l'armée pendant neuf mois.

On comprend néanmoins que l'âme non protégée serait par trop exposée aux hasards sous-marins si on l'abandonnait ainsi à ses propres forces.

Rembourrage.

On recouvre donc en général l'âme du câble d'une enveloppe ou rembourrage de chanvre destiné à servir de coussinet protecteur contre l'effort des fils de fer dont on se sert presque toujours maintenant pour la protection du câble.

Protection du chanvre contre la décomposition.
— Goudron. — Tannin.

Autrefois, on cherchait à protéger le chanvre de la destruction à laquelle il est assujetti sous l'eau, en l'imprégnant de goudron; mais M. W.

Smith fit remarquer dernièrement que cette matière pénètre aisément les fautes, telles que bulles ou fissures, qui, en dépit des précautions les plus minutieuses, peuvent encore parfois se produire dans la fabrication du fil. Le goudron, ainsi introduit, étant une matière suffisamment isolante, empêche de découvrir la faute qui reste ainsi dans le câble à l'état latent pendant la construction et la pose, et même longtemps après, jusqu'à ce que la dissolution du goudron devienne complète et permette à la faute de se manifester, trop tard toutefois pour qu'on puisse la réparer aisément.

On préserve donc maintenant la première enveloppe de chanvre, au moins, avec une décoction de tannin dans laquelle on laisse le filin macérer pendant un jour ou deux, et l'on conserve parfois la protection goudronnée pour la seconde enveloppe de chanvre qui entoure l'âme spiralement, mais en sens inverse de la première, et sur laquelle viennent abuter les fils de fer qui, de la sorte, ne trouvent aucune action les prédisposant à la rouille.

Machines à corder l'âme.

Les machines qui servent à effectuer cette garniture sont très simples et ressemblent absolument à celles dont se servent les fabricants de cordage. L'âme reçoit l'application des deux enveloppes de chanvre en une seule et même opération, bien qu'elle soit faite en sens inverse pour chacune des couches.

Lorsque le câble doit contenir plusieurs conducteurs, les fils sont préalablement tordus en un cordage dont les interstices sont remplis par du filin de chanvre tanné; ce cordage est ensuite recouvert de chanvre ou de jute de la même manière que le fil simple.

Réservoirs.

Ainsi recouverte à un diamètre convenable, qui varie suivant les besoins et la grosseur des fils de fer destinés à la protection extérieure, l'âme passe sur des poulies et est dirigée dans des réservoirs étanches remplis d'eau, saturée de tannin, afin de faciliter la recherche des fuites qui pourraient se manifester à travers l'isolement. C'est dans le même but que le chanvre ou le jute de l'enveloppe sont appliqués à l'état humide, et le câble doit d'ailleurs être constamment maintenu dans l'eau à toutes les phases et pendant toute la durée de sa fabrication.

Durée du chanvre et du jute.

Le chanvre se conserve d'une manière remarquable sous les fils de fer, et le jute, qui est bien moins cher (1), se comporte également bien. Ces deux matières périssent pourtant assez vite sous l'eau et sont souvent rongées par des insectes, tels que la limnoria et le teredo, lorsque la destruction du fer les expose à nu. On a trouvé ces insectes marins dans presque tous les câbles de la Méditerranée, mais seulement dans les portions de câble où des actions mécaniques ou chimiques avaient détruit ou enlevé les fils de fer.

(1) 35 fr. les 100 kilogrammes.

Ces insectes vivent très bien dans des profondeurs de 2,000 à 3,000 mètres, sous une pression énorme et dans des milieux où l'on eût pu croire que ni l'air ni la lumière pouvaient pénétrer. Des expériences comparatives faites dans la Méditerranée et dans l'Atlantique, ont démontré que le chanvre dépérit plus tôt, par cette cause, dans la Méditerranée qu'ailleurs, en dépit de la macération goudronneuse ou tannée qu'il subit. Il conviendrait donc d'employer d'autres matières que le tannin et le goudron à défendre le chanvre contre les insectes, et il semble qu'on ait complétement négligé l'emploi de la naphtaline, qui a donné de si beaux résultats pour la conservation des bois de pilotis employés dans les ports de l'Est de l'Angleterre.

IV.

Protection extérieure.

Armature de fils de fer.

L'âme recouverte de chanvre ou de jute est généralement protégée de tout danger extérieur par des fils de fer placés à l'entour et en hélice. Ils abuttent l'un contre l'autre de manière à présenter l'apparence d'un cordage en fer. La forme de ce fourreau a été souvent appelée en spirale ; mais c'est à tort, car les fils sont posés en hélice et non en spirale, qui est une courbe semblable à celle affectée par les ressorts de montre, tandis que la courbe donnée aux fils d'un câble ressemble à l'hélice du tire-bouchon.

Propriétés mécaniques de l'hélice.

On serait tenté de croire que cette courbe doit nécessairement occasionner un allongement et qu'elle doit s'étendre sous un grand effort; mais il n'en est rien. L'hélice simple s'allonge en effet, et tend à devenir une ligne droite sous un effort quelconque; ses anneaux se rétrécissent graduellement de manière à renfermer un espace cylindrique de plus en plus petit. Si cette fermeture des anneaux est arrêtée par l'intervention d'un objet placé à l'intérieur de l'hélice, telle que l'est l'âme du câble, elle ne s'allongera pas plus qu'un fil solide. Ce rapprochement est d'ailleurs prévenu, dans les câbles ordinaires, par l'arrangement des fils extérieurs, qui abuttent l'un contre l'autre, de telle façon que la coupe d'un câble présente toujours l'aspect d'un anneau compact de fils de fer. Le tube formé par ces fils ne peut diminuer en diamètre, et conséquemment l'hélice ne peut pas plus s'allonger que ne le ferait un fil solide. Les fils de fer abuttant l'un contre l'autre, se conduisent d'ailleurs comme pourraient le faire les pierres maçonnées qui composent l'arche d'un pont, et qui sont toutes solidaires entre elles; on en a la preuve en arrachant de l'intérieur d'un câble en fer l'âme de gutta-percha et le chanvre; le fourreau de fils métalliques qui reste, peut alors être soumis à une certaine tension sans qu'il en résulte aucun déplacement dans la position relative que les fils occupent. Ceci démontre en même temps que ce mode de protection ne peut en aucune manière affecter l'âme du câble.

Allongement.

L'allongement qui a été remarqué dans certains câbles est entièrement dû à la diminution du diamètre total, occasionne par un rapprochement plus grand des fils de fer qui, sous l'effort appliqué, tendent à s'emboîter plus exactement. Cet allongement a néanmoins une limite, et si l'âme du câble est un peu comprimée par cette fermeture, tout l'effort porte sur le chanvre qui a précisément pour but d'agir comme un coussinet élastique. Lors donc que l'anneau formé par les fils de fer est devenu parfait, tout l'effort extérieur est subi par le fourreau, et l'âme n'y prend aucune part.

Une hélice peut s'allonger aussi bien par la diminution de la torsion que par le rapprochement dont nous venons de parler, et l'on a souvent argué de cet inconvénient comme d'un sérieux défaut.

L'allongement total qui pourrait se produire par cette cause est la différence de longueur qu'il y a entre le fil enroulé autour du câble et celle qu'il aurait s'il était étendu droit. Dans la plupart des câbles, cette différence ne dépasse pas un demi pour cent ; néanmoins, et comme on doit s'y attendre, il ne se produit aucune détorsion sensible ; la diminution des tours d'hélice est au plus de 40 à 50 par mille, et l'allongement est si minime qu'il n'atteint jamais un mètre sur cette longueur.

Lorsqu'on relève un câble des grandes profondeurs, on ne trouve pas de changement sensible dans la forme primitive de l'hélice; il n'y a aucun allongement ou rétrécissement à noter; on peut donc en conclure que la forme donnée communément aux câbles n'est pas susceptible d'allongement.

Torsion.

Un autre défaut provenant de la forme héliçoïdale et d'une nature plus sérieuse, est la tendance que possède un câble à se tordre en un anneau qui se dépose au fond de la mer, si le câble n'est pas maintenu sufffisamment tendu pendant la submersion. Sous un effort de relèvement, cet anneau se rapprocherait de manière à former une boucle qui se concentrerait en bosse en un seul point.

Boucles ou bosses.

Une boucle de ce genre peut se produire sur toute espèce de câble, quelle que soit la forme de son enveloppe.

Elle peut toujours s'éviter en prenant les précautions nécessaires dans l'émission, car un cordage enroulé autour d'un tambour peut se dérouler ou s'enrouler à nouveau, ou bien être filé à la mer sans vriller ou se tordre sur lui-même; mais si, par hasard ou maladresse le cordage passe au-dessus du tambour, il prend de suite un tour qui se transforme aisément en boucle. De même si un câble est lové dans un réservoir circulaire ou elliptique, bien qu'il paraisse n'avoir subi aucune torsion, il vrillera et se bouclera aisément si on le retire tout droit de la cale. En pratique, le câble est toujours transmis dans les réservoirs par un tambour dont un côté reste constamment tourné dans la même direction.

Supposons qu'un câble, étendu en long, soit marqué d'une ligne noire sur sa partie supérieure ; si nous l'enroulons dans un réservoir, de manière à conserver toujours le trait noir tourné au Nord, cette marque se trouvera, une fois le câble lové dans le réservoir, tournée en dehors au Nord du bassin, en dedans au Sud, en dessus à l'Est et en dessous à l'Ouest. Le câble ainsi enroulé a donc reçu une torsion pour chaque tour qu'il a fait dans le bassin. Dans un cordage en chanvre, cette torsion tendrait simplement à resserrer ou desserrer le câble, suivant la manière dont il serait enroulé ; mais dans les deux cas, lorsque le cordage en chanvre ou le câble en fer sont déroulés, ils sortent du réservoir comme ils y étaient entrés, c'est-à-dire droits et sans torsion. L'enroulement avait causé cette torsion, et le déroulement la fait disparaître.

Une règle simple et suffisante pour prévenir une boucle permanente consiste à sortir le câble d'un réservoir ou d'un tambour de la même manière qu'il y a été placé ; toute autre façon d'opérer ne peut qu'amener une boucle que la pose ou le relèvement concentreront en un point de manière à produire une coque permanente (1).

Lorsqu'un câble n'est pas bien arrimé dans la cale d'un navire, il est parfois impossible, par suite d'une secousse ou de toute autre cause afférente à la marche, de dérouler le câble convenablement, et cet accident a souvent occasionné des boucles. Il est même arrivé, durant l'émission de certains câbles, et notamment dans celle des derniers câbles de l'Atlantique, que plusieurs tours de câble se sont embrouillés de manière à sortir de la cale en un fouillis difficile à démêler, et qui, par suite de l'arrêt forcé du navire, mettait en grand danger l'existence du câble. Cet accident, dû surtout à la forme spéciale de ces câbles, se produit très rarement maintenant, et les câbles d'Alexandrie, du golfe Persique et autres, ont été entièrement posés droits, bien tendus et sans la moindre boucle.

Ces accidents, quoique regrettables, ne produisent généralement pas les dommages sérieux qu'on croirait devoir en attendre, et beaucoup de câbles actuellement en exploitation, contiennent une quantité notable de boucles. On en a relevé, sur le câble de Douvres à Calais, qui n'ont pas empêché les transmissions régulières par ce câble pendant de nombreuses années, et lors du relèvement du câble de Bone, on amena à bord plus de 200 boucles dans l'espace de 12 à 15 milles, et par des fonds de 100 à 200 brasses. Ces boucles résistèrent toutes (sauf la dernière, où les fils de fer étaient rongés) à la traction du relèvement.

(1) Cantor Lectures. F. Jenkin.

La forme des câbles n'a pas varié.

La forme communément donnée aux câbles paraît donc calculée, sous tous les rapports, de façon à protéger l'âme contre toute action mécanique ; elle a, du reste, subi peu de modifications depuis la construction du câble de Calais, posé dans l'automne de 1851, et qui reste pour ainsi dire le type des bons câbles pour les profondeurs moyennes.

Force des parties constituantes.

La force de résistance d'un câble est la somme des forces des fils qui le composent. Un câble couvert de bons fils de fer, devrait supporter une force de tension égale à environ 2 tonnes par kilogramme de fil et par mètre. Ainsi, un câble dont l'ensemble des fils pèserait 20,000 kilogrammes par mille, soit environ 11 kilos par mètre, devrait supporter une tension égale à 22 tonnes. Cette règle correspond à une force d'environ 6,500 kilos par centimètre carré de section.

Qualité des fils employés.

Les fils les plus gros et ceux de qualité inférieure ne supportent pas un effort aussi considérable.

La qualité dite Best-Best est celle que l'on emploie généralement en Angleterre; mais le fil au charbon de bois semble plus permanent.

Le fil ne doit en aucune manière être dur et cassant, et doit pouvoir subir de nombreuses torsions avant de rompre, et cependant il faut qu'il ait une ténacité suffisante. Pour éviter l'aigreur du métal et lui conserver en même temps la flexibilité nécessaire, on rencontre quelques difficultés de fabrication, dont une recuite bien ménagée, vient généralement à bout. En tous cas, les fils doivent toujours être soumis à des épreuves de torsion et de tension déterminées, avant d'être acceptés.

On galvanise souvent les fils de fer du fourreau des câbles, surtout lorsqu'ils sont de qualité Best-Best ; cette opération les retrempe. Mais si l'on doit les employer à nu, on préfère la qualité homogène de MM. Webster et Horsfall. Le fil d'acier est préférable pour les câbles légers des grandes profondeurs , et le fil recuit au charbon de bois pour les câbles lourds des profondeurs moyennes. Néanmoins beaucoup de ces derniers sont recouverts de fils ordinaires Best-Best et galvanisés, même sous une protection bitumineuse extérieure.

Poids spécifique.

La densité du fil de fer télégraphique est donnée, suivant quelques auteurs, comme égale à 7,70 ; d'autres indiquent le chiffre 7,844 ; cette variation s'explique par la diversité des fers employés à la formation du fil.

Poids des fils.

Le poids d'un fil de fer par mille nautique en kilogrammes, peut se déduire de la formule

$$P = 10\,d^2$$

où d est le diamètre en millimètres et 10 une constante.

Soudures.

Les fils sont joints ou soudés entre eux de la manière ordinaire pour le fer, c'est-à-dire à la forge. Ce procédé n'exige aucune description spéciale. Afin d'éviter toute faiblesse dans le câble, on évite de réunir deux des fils de fer en un même point, car les soudures sont généralement plus faibles que le fil normal.

Épissures.

On joint un morceau de câble à un autre par une épissure analogue à celle dont on se sert pour les câbles en chanvre, avec cette différence qu'afin de lui donner toute la force de résistance désirable, on l'étend sur une longueur d'une dizaine de mètres. Après avoir coupé environ 5 mètres de l'âme sur chacun des deux morceaux de câble à épisser, et avoir rejointé l'âme, on substitue les fils de droite à ceux de gauche, en les espaçant convenablement, et l'on recouvre d'une enveloppe de fil fin chacun des points de jointure. On opère généralement par deux fils à la fois, et quelquefois fil par fil.

Machines à corder. — Tension des fils.

Les machines qui servent à appliquer les fils de fer autour de l'âme ressemblent aux machines à corder, et par le fait, l'outillage des manufactures de câbles ressemble beaucoup à celui d'une grande corderie. Le fil de fer s'applique sur l'âme avec une tension constante, et ne se tord jamais ; on peut s'en assurer en appliquant un trait noir à sa partie supérieure : si on suit ce trait des yeux, on peut voir que le fil reste exactement tendu et que le trait se maintient à l'extérieur de l'âme en dessus, puis à l'intérieur et en contact immédiat avec l'âme en dessous. Ce résultat ne s'obtient qu'avec les machines verticales, dans lesquelles chacune des bobines supportant le fil de fer se meut parallèlement à elle-même.

Dans les machines disposées autrement et surtout dans celles où la bobine fixée à un disque se meut autour du câble de la même façon que la lune tourne autour de la terre, les fils de fer subissent toujours une torsion notable qui affaiblit le câble et le rend aussi moins maniable.

Toutes les machines décrites ci-dessus sont munies de compteurs qui enregistrent la quantité de câble fabriqué.

Rouille et autres causes de destruction.

Les fils de fer peuvent se rouiller ou être rongés et usés par le frottement sur des rochers. Une action chimique, autre que la rouille ordinaire, les réduit souvent à l'état fibreux, et tout le monde a remarqué l'apparence striée des fils d'un câble qui a longtemps séjourné sous l'eau. Les câbles sont d'ailleurs exposés, dans les bas-fonds, aux dangers résultant de la drague des pêcheurs et de l'ancrage des navires. Un courant d'eau accélère considérablement la destruction des fils par un effet plus actif de la rouille, et l'on comprend qu'un câble suspendu au-dessus d'un précipice, de la même façon qu'un fil télégraphique ordinaire est suspendu sur deux poteaux, doit subir un effort considérable aux points de suspension. La destruction à ces points est d'autant plus certaine, qu'à la pesée vient s'ajouter la formation constamment renouvelée de la rouille, par l'effet d'un courant qui existe presque toujours par suite des variations subites de la profondeur. Dans des fonds vaseux et aussi à de très grandes profondeurs où l'eau est généralement réputée tranquille, la destruction du fer s'est parfois produite très rapidement par des raisons dues sans doute à une action chimique différente de la rouille ordinaire.

Les fonds fréquemment sulfureux de la Méditerranée réduisent promptement le fer non protégé à l'état de sulfures solubles, qui sont enlevés au fur et à mesure de leur formation, et l'on a vu des fils assez forts, réduits en très peu de temps à la ténuité d'une aiguille, et même détruits complétement à la suite de cette combinaison chimique.

Les fils de grosse dimension, ou des fils fins protégés, sont donc un moyen préventif certain des causes de destruction que nous venons d'énumérer.

Galvanisation des fils de fer.

La galvanisation du fer le protège aussi contre la rouille. En certains lieux, et surtout dans les fonds sablonneux ou calcaires, les fils nus et non galvanisés se maintiennent dans des conditions étonnantes de conservation, et se recouvrent simplement d'une croûte à la fois ferrugineuse et calcaire qui forme un fourreau protecteur naturel du câble, car alors il prévient toute oxydation ultérieure. Néanmoins, dans la plupart des cas, et surtout lorsque les câbles doivent poser sur des fonds bas et inégaux, il convient de protéger les fils de fer contre la destruction.

Protection bitumineuse de MM. Bright et Clark.

MM. Bright et Clark protègent les câbles avec un mélange de poix minérale et de silex en poudre qui s'applique à chaud sur une double enveloppe d'étoupes communes s'enroulant autour du câble en deux spirales opposées. Ce procédé semble, au premier aspect, dangereux pour la gutta-percha du câble, et il le serait en effet s'il était appliqué sans précautions; mais M. Henley, qui a pour ainsi dire monopolisé l'application de ce système, a tellement perfectionné les machines qui servent à cette garniture, que les accidents qui pourraient en résulter sont maintenant absolument évités. L'application du filin d'étoupe s'opère de la même manière que pour l'enveloppe de chanvre ou de jute qui entoure l'âme, une roue à palette déverse en même temps sur le câble le bitume maintenu liquide par un jet de vapeur, et lorsque les deux couches sont appliquées de la sorte, le câble entraîné par la machinerie, passe au travers d'une matrice qui lui conserve sa forme parfaitement cylindrique. On sème de la chaux en poudre sur chacune des couches de câble déposées au fond des réservoirs, afin de prévenir l'adhésion des différentes parties.

Le procédé de MM. Bright et Clark offre de très grands avantages dans les profondeurs moyennes, et est très employé depuis quelques années. Le câble du golfe Persique est recouvert, d'un bout à l'autre, de cette enveloppe, et s'est conservé dans d'excellentes conditions depuis la pose (1864) (1).

Cordage extérieur des câbles par M. France.

M. France recouvre toutes les portions de câble qu'il emploie aux réparations des lignes de la Manche, d'un bitors goudronné qui s'applique à la main et ne coûte pas plus que la composition bitumineuse décrite ci-dessus. Ce procédé a donné d'excellents résultats.

Câbles côtiers.

Afin d'assurer la permanence des câbles, surtout dans les mers peu profondes, on en pose maintenant qui pèsent jusqu'à 10 tonnes au mille nautique, et dont les bouts côtiers pèsent jusqu'à 20 tonnes, afin de résister à l'effort des ancres. Tels sont les câbles de la Panne, de Norderney et plusieurs autres. Quelques câbles

(1) Ce câble repose sur des fonds très bas de Kurrachee à Mussendom, à l'entrée du golfe. Il s'est brisé plusieurs fois dans la mer d'Oman, et toujours à l'époque de la mousson, alors que les vagues soulèvent le câble et finissent par le détruire sur les rochers qu'il traverse dans une portion de son parcours.

6

côtiers sont recouverts de cordes en fer au lieu de fils simples.

M. Siemens a proposé de protéger le fil de fer des câbles en l'enveloppant de chanvre et d'une armature en zinc.

La Compagnie de la Gutta-Percha a produit des spécimens de câble où chaque fil de fer extérieur est recouvert de gutta-percha, qui, comme on le sait, se maintient en très bon état sous l'eau; mais on s'en est tenu jusqu'ici à des systèmes moins coûteux.

Statistique des câbles des profondeurs moyennes.

Les câbles des petites profondeurs se posent et se réparent généralement avec facilité, pourvu que la protection en fer soit convenable. La totalité de câbles complétement perdus avant d'avoir fonctionné ne s'élève pas à 200 milles nautiques. Plus de 3,000 milles ont été posés avec succès, ont travaillé pendant quelque temps et ont dû être abandonnés après leur rupture. Sur cette quantité, 1,500 milles environ pesaient moins d'une tonne par mille, dimension qui, pour les bas-fonds, est maintenant reconnue tout à fait insuffisante. 1,000 milles pesaient plus d'une tonne au mille, mais pas plus de deux. Leur durée moyenne a été de cinq ans.

Il existe maintenant plus de 5,000 milles de câbles des profondeurs moyennes en pleine activité, depuis un terme moyen de sept années. Ils comprennent le câble de Calais, qui a duré plus de dix-sept ans, plusieurs autres ayant plus de dix ans d'existence; mais le terme moyen est abaissé par l'âge plus récent des longs câbles du golfe Persique et d'Alexandrie. Tous ces câbles, à l'exception de celui d'Alexandrie, primitivement destiné à de grandes profondeurs, pèsent plus de deux tonnes au mille (1).

Les interruptions sur les câbles légers sont assez fréquentes, et elles étaient en moyenne de quatre jours par 100 milles dans l'année sur l'ancien câble d'Alexandrie, ce qui n'est pas pire que les meilleures lignes terrestres des Indes-Orientales, et ce qui vaut dix fois mieux que la plus mauvaise de ces lignes.

Sur les gros câbles, les interruptions ne sont fréquentes que dans la Manche, où la navigation s'opère dans des conditions tout à fait exceptionnelles. Le gros temps n'est pas la cause absolue de ces dérangements, et il n'est que relativement vrai de les lui attribuer. Les dangers de la navigation dans des parages où les côtes sont si voisines, obligent les navires à chasser sur leurs ancres par les gros temps, et l'on peut dire que les ruptures si fréquentes des câbles de la Manche sont surtout attribuables aux ancrages, d'ailleurs si faciles dans les bas-fonds de ce passage, dont la profondeur ne dépasse pas la hauteur des tours de Notre-Dame de Paris.

Force de résistance à donner aux câbles.

Les câbles qui n'atteignent pas 2,000 mètres ne sont plus maintenant considérés comme câbles des grandes profondeurs ; autrefois, on considérait comme tels ceux qui atteignaient de 6 à

______

(1) Cantor Lectures, F. Jenkin.

800 mètres, et cette classification a été conservée dans les statistiques. Un câble des grandes profondeurs doit être absolument fort et avoir pareillement une force relative à son poids dans l'eau. Il doit être léger, ou autrement il devient impossible de transporter convenablement les grandes longueurs qui le composent. Il doit être peu extensible et doit pouvoir s'arrimer aisément et se dérouler de même. Dans le principe, on avait généralemet choisi des spécimens très légers, tels que les câbles de la mer Rouge, de Malte à Cagliari et à Corfou, qui étaient presque semblables au premier câble de l'Atlantique, si ce n'est que l'armature était composée de fils solides, au lieu des légères cordelettes en fil d'acier qui recouvraient ce câble. Ces spécimens n'ont pas rempli le but qu'on en attendait. Ils pouvaient, il est vrai, supporter de 8 à 10 kilomètres de leur propre poids pendant verticalement à l'arrière du navire, et leur pose était facile, puisqu'on en a émis 7,000 milles avec succès dans des profondeurs dépassant 4 kilomètres. On a même pu, afin d'opérer des réparations, rétrograder durant la pose et relever ainsi quelques milles de ces câbles. Rarement ils se sont brisés pendant l'émission, mais ils n'ont eu aucune durée. Les transmissions cessaient généralement pendant l'année qui suivait leur établissement, et comme l'armature des fils de fer se rouillait promptement dans cet intervalle, les réparations devenaient impossibles. Outre les câbles cités plus haut, ceux de l'archipel grec et celui de Bone appartiennent à la même catégorie.

Causes d'insuccès.

Les causes d'insuccès furent nombreuses et variables ; mais elles pouvaient s'attribuer généralement : 1° à de mauvaises soudures dans le cuivre ou la gutta-percha ; 2° à un défaut d'isolement avant la pose, et que des épreuves systématiques, telles qu'on les pratique aujourd'hui, n'avaient pas prévu ; 3° à l'usage de piles trop fortes sur des câbles imparfaitement isolés et développant des fautes originelles en pertes complètes ; 4° à la foudre, dont beaucoup de ces câbles ne furent même pas protégés par des paratonnerres ; 5° enfin, il est probable que certains de ces câbles, si légers et posés très tendus, franchissaient des vallées sous-marines profondes dont ils ne tapissaient pas les sinuosités, et qu'ils s'usèrent rapidement aux points d'appui par le frottement, la rouille et leur propre poids, causes suffisantes pour qu'ils cédassent sous l'effort.

La gutta-percha devenait certainement insuffisante à supporter le poids du câble dès que les fils de fer étaient rongés. Ce ne sont là, sans doute, que des conjectures ; mais il est certain que presque toujours l'arrêt des transmissions a coïncidé avec le temps nécessaire à la complète destruction du fer, et l'on a d'ailleurs constaté, lors des réparations, que la rupture existait toujours là où les fils de fer étaient rompus et mangés de rouille.

L'arrêt des transmissions fut rarement graduel, et se produisit spontanément, se dévoilant par la fracture totale et conséquemment par l'in-

terruption du conducteur. Dans ces circonstances, il était rare que l'on pût réparer le câble,
qui, suivant l'expression de M. Webb, se brisait
comme du vermicelle sous les efforts faits pour
le relever.

Modification des premières formes adoptées.

On fut donc amené à rechercher, pour les
grandes profondeurs, des formes qui joignissent
à la solidité, les conditions de durée nécessaires
et la légèreté requise par leur longueur. La première modification importante de la forme ordinaire, fut la complète suppression de l'armature
extérieure dans le câble de la mer Noire, qui re-
liait Varna à Balaclava. Cette forme, qui avait
été adoptée au début (1850) pour le câble d'essai
entre Calais et Douvres, peut être durable dans
les mers calmes et profondes; mais elle n'est
évidemment pas adaptée aux profondeurs variables et moyennes.

On adopta ensuite les fils d'acier, qui offrent
tant d'avantages, surtout lorsqu'ils sont garantis
de l'oxydation.

Câble d'Alger.

Le premier câble de cette espèce fut celui de
Port-Vendres à Alger par Mahon, dans lequel
on réduisit à dix le nombre ordinaire des fils métalliques, qui furent en outre enveloppés en spirale
d'un filin de chanvre goudronnné donnant au
câble l'aspect extérieur d'un cordage ordinaire.

On a fait beaucoup d'intéressantes expériences

sur cette forme de câble, qui fut plus tard choisie pour les câbles de l'Atlantique. Ces expériences, faites par MM. Forde, Gisborne et Siemens (1), ont démontré que les câbles de chanvre et acier peuvent supporter 20 kilomètres de leur poids pendant verticalement dans l'eau. Une anomalie remarquable se produit dans la combinaison des deux matières ; car la résistance à la rupture de leur ensemble est plus grande, en certains cas, que la somme de leurs résistances séparées.

Ce paradoxe s'explique par le fait que les épreuves séparées ne fournissent que la force de résistance des points les plus faibles de l'acier et du chanvre, et comme ces matières sont rarement uniformes, il est peu probable que leurs parties faibles viennent à coïncider lorsqu'on les combine, et l'on obtient, dans l'épreuve de l'ensemble, la somme de la moyenne de leur section ou de leur résistance à la rupture.

Force des câbles en chanvre et acier.

Les câbles ainsi formés sont relativement et absolument les plus forts qu'on ait construit. Les câbles actuels de l'Atlantique peuvent supporter une longueur de leur poids double de celle qu'eût pu supporter l'ancien câble tout en acier.

On leur reproche pourtant plusieurs défauts. D'abord l'allongement, qui existe, il est vrai, mais n'est pas suffisant à endommager l'âme, ni

(1) Voir à l'appendice.

par extension, ni par compression. Puis la destructibilité du chanvre, qui laisserait à nu les fils de fer et enlèverait au câble toute force homogène, si des réparations devenaient nécessaires. En outre, la mauvaise protection mécanique qu'offre le chanvre contre les accidents, et aussi leur tendance à se boucler aisément. Tous ces défauts peuvent être diminués, soit en rendant le chanvre indestructible par l'emploi de matières conservatrices, soit en ficelant le câble d'un filin qui prévienne la torsion en même temps qu'il donne au câble plus de rigidité. Une objection plus sérieuse est le prix très élevé de cette forme de câble ; mais la durée semble répondre à cette objection, et depuis trois années de fonctionnement, les câbles de l'Atlantique ont amplement payé le prix qu'ils ont coûté.

Câble de M. Allan.

M. Thomas Allan a imaginé un système de câble où toute la force résistante est transportée de l'extérieur à l'intérieur. Il évite ainsi le poids du fourreau de fils de fer. Son conducteur est un fil de cuivre solide environné de fils fins en acier. Ce conducteur, formé de deux métaux différents, donne des résultats moins satisfaisants qu'un fil de cuivre simple du même diamètre, et la différence en moins, dans la conductibilité, est d'environ 30 0/0. L'induction qui résulte de ce système est aussi une cause d'infériorité, et l'on redoute d'ailleurs la rouille et la rupture des fils d'acier, qui feraient éclater la gutta-percha, s'ils ne la transperçaient pas.

Néanmoins, la forme de câble proposée par
M. Allan offre une compensation résultant de
l'économie du fourreau. La gutta-percha, très
épaisse, et donnant à l'ensemble du fil un diamètre de 16 millimètres, est recouverte d'une
toile saturée d'asphalte et de glu marine destinée à le protéger des efforts mécaniques extérieurs. Suivant M. Allan, il est déraisonnable
d'employer un corps périssable comme le fer à
protéger une matière indestructible, comme la
gutta-percha.

Ce type paraît convenir aux très grandes profondeurs, où les pentes sont généralement douces
et les fonds sablonneux et très égaux, et il n'est
pas douteux qu'il ait des chances d'être un jour
adopté à cause de sa légèreté et de son bon marché. M. Beaudoin avait déjà recommandé, en
France, une forme analogue de câble, et le succès de la pose du câble de Balaclava, qui put
fonctionner pendant neuf mois dans la mer Noire,
semblait devoir appeler d'autres tentatives du
même genre.

Câble de M. Siemens.

La forme des câbles de M. Siemens diffère du
type ordinaire en ce que le fil est recouvert d'a-
bord de chanvre étiré, puis de spirales de cuivre
phosphorisé. Ces câbles ont une grande force et
s'allongent peu ; mais le cuivre ne donne aucune
force additionnelle au câble, bien qu'il lui ajoute
son poids. Le fourreau de bandes de cuivre spiralisées forme une armure flexible et permanente,
et, malgré l'échec du câble de Carthagène, c'est

là une des formes à bon marché auxquelles on reviendra pour les câbles des grandes profondeurs. Le câble de Carthagène a pu être repêché à 3,000 mètres sans subir aucun dommage sérieux (1).

Diverses autres formes proposées.

Nous ne citerons que pour mémoire les câbles en jonc de M. Duncan et ceux en chanvre tressé de M. Rowett. Ces formes subissent une extension trop considérable pour ne pas mettre en péril le fil conducteur.

On a fabriqué, à Silvertown, des câbles d'essai où des filins de chanvre à peine tordus sont recouverts de gutta-percha de qualité inférieure et sont ensuite appliqués sur l'âme du câble en guise de fourreau. L'ensemble du cordage est ensuite recouvert de gutta-percha commune à l'épaisseur de 20 millimètres. Ces câbles sont très résistants et s'allongent fort peu. Ils sont, d'ailleurs, d'un prix très modéré.

Il y a, du reste, une tendance à diminuer considérablement le prix des câbles, que le monopole des grandes compagnies a jusqu'ici maintenu très élevé; car si, dans les mers peu profondes, on peut toujours assurer le succès, au point de de vue commercial et mécanique, en posant des câbles lourds et forts, le même succès peut être atteint de manières diverses dans les grandes profondeurs, et l'on arrivera, sans doute, à simpli-

____

(1) M. Siemens doit prochainement poser un de ses câbles dans la mer Noire.

fier complétement les lignes sous-marines qui devront reposer dans des profondeurs où n'existe probablement aucune cause perturbatrice. Dans les profondeurs de ce genre, les chances de réparation resteront toujours précaires, en dépit du succès obtenu dans l'Atlantique en 1866, et le point essentiel sera la permanence, et, à défaut de cette qualité, le bon marché.

SECONDE PARTIE,

I.

Épreuves durant la construction.

Les lois qui gouvernent la propagation des courants électriques, dans les corps conducteurs, et principalement la loi de Ohm, forment la base fondamentale des épreuves au moyen desquelles on constate la perfection électrique des câbles ou les fautes qu'ils contiennent. Ces épreuves ont été considérablement perfectionnées depuis quelques années, et l'étude des propriétés électriques des matériaux employés pour le conducteur et l'isolement, ainsi que celle des phénomènes qui accompagnent la transmission des signaux, a été poussée assez loin pour qu'on puisse justement la considérer comme formant une branche nouvelle de la science électrique. C'est à cette étude que sont dus la pureté des matières employées à la fabrication des câbles, la facilité de rechercher les fautes les plus minimes et la croyance, justifiée par un succès de plusieurs années, que toutes les précautions usitées maintenant doivent et peuvent assurer la permanence des câbles.

Épreuves anciennes.

On se contentait autrefois d'épreuves simples et rudimentaires qui portaient surtout sur la continuité et l'isolement. Pour s'assurer de la continuité du conducteur, on plaçait un galvanomètre dans le circuit simple formé par la pile, le conducteur du câble et le galvanomètre, et l'on jugeait que ce conducteur était en bon état si le courant, en passant d'un pôle à l'autre de la pile et à travers le conducteur, faisait dévier le galvanomètre.

Pour vérifier l'isolement, et afin de s'assurer que le conducteur était isolé de façon à ne pas perdre une trop grande partie du courant avant d'atteindre l'extrémité où il devait produire des signaux, on isolait cette extrémité en ayant soin de placer tout le restant du fil isolé sous l'eau, puis on mettait la pile en contact avec l'autre bout, faisant intervenir le galvanomètre dans le circuit. Comme le second pôle de la pile était à la terre, si la matière isolante du fil n'était pas intacte et sans fissures, un courant se manifestait sur le galvanomètre et indiquait la présence d'une faute dans l'isolement.

Lorsqu'il s'agissait d'opérer sur de petites longueurs, ces épreuves rudimentaires pouvaient, à la rigueur, suffire ; mais sur de longs câbles, il se produit, à travers les pores de l'isolement, une perte qui s'accroît avec la longueur et fait dévier le galvanomètre. Une faute de peu d'importance au début, mais que le temps empirera, peut parfaitement se perdre au milieu de cette

7

déflexion générale indiquant la perte de l'isolement ; et il est, d'ailleurs, important de s'assurer que le courant envoyé à travers le fil ne se perd pas en quantité trop considérable.

De même pour le conducteur, il ne suffit pas de savoir s'il conduit le courant sans interruption, mais aussi s'il n'offre pas à son passage une résistance croissant avec la longueur et qui pourrait dépasser les limites convenables. On a donc conclu à la nécessité de faire un choix judicieux du métal à employer comme conducteur et de la matière destinée à produire l'isolement du courant.

Epreuves actuelles.

La pratique actuelle diffère essentiellement de l'ancienne méthode. Tandis qu'autrefois on se contentait de vérifier simplement la continuité du conducteur, on fait subir maintenant, à chaque rouleau de fil fin qui doit entrer dans la formation du toron, une épreuve de résistance par voie de comparaison à un étalon fixe.

La résistance de la corde est de nouveau mesurée, puis recouverte de gutta-percha et livrée aux ingénieurs, qui l'éprouvent à leur tour, afin de vérifier sa valeur, après quoi elle est admise à faire partie du câble. Ces essais se font tous à la même température. La qualité du cuivre entre dans la spécification de l'ingénieur avec une précision numérique égale à celle de son poids, et il n'y a pas plus de difficulté à cet égard avec l'entrepreneur, qu'il ne peut y en avoir relativement au poids de la matière fournie.

L'épreuve de l'isolement ne se juge plus approximativement, comme autrefois, par l'effet de la déviation sur le galvanomètre, car cette méthode ne permettrait pas de découvrir une faute légère, qui n'ajouterait que très peu de perte à la fuite générale qui s'opère par les pores d'un câble très long. En outre, les galvanomètres employés autrefois étaient inconstants dans leurs indications et devenaient d'autant moins sensibles, que la déviation augmentait davantage. Les piles variaient d'intensité et l'on négligeait les effets de la température, qui rendent pourtant très variables les épreuves de l'isolement. Enfin, on négligeait même parfois de faire ces épreuves sous l'eau, et l'on conçoit que dans ce cas elles devenaient parfaitement inutiles, en tant qu'il s'agissait de constater des pertes anormales. Les premiers câbles, éprouvés dans de telles conditions, devaient donc contenir, pour la plupart, des fautes originelles assez nombreuses qui, en se développant graduellement, amenaient la perte complète de la ligne.

Le système d'épreuves employé maintenant fut introduit simultanément, et à la suggestion de Sir W. Thomson, par MM. Jenkin et Siemens, lors de la pose du câble de la mer Rouge. Depuis lors, tous les câbles construits en Angleterre ont subi les mêmes épreuves, qui ont été promptement suivies d'un perfectionnement correspondant des matières à l'usage.

Voici le détail de ces divers examens que nous allons passer en revue l'un après l'autre.

Examens divers auxquels le fil est soumis.

1° Les rouleaux de fil de cuivre destinés à former le toron conducteur sont comparés à un étalon, dans une espèce de balance électrique, qui permet de connaître la valeur de ces fils comparativement au cuivre pur ;

2° La résistance du conducteur du fil isolé est pareillement comparée à l'unité de mesure ;

3° La résistance de l'isolement est mesurée de la même manière ou par d'autres procédés, d'abord avec le pôle zinc de la pile, puis avec le pôle cuivre.

Les deux épreuves ci-dessus se font à une température déterminée, et celle que l'on a adoptée est 24° C. Les fils à éprouver sont maintenus sous l'eau, à la température indiquée ci-dessus, pendant 24 heures avant l'épreuve, et cette immersion prolongée, tout en communiquant également à la masse du fil la température ambiante, permet en même temps à l'eau de pénétrer par les fissures, ou fautes que pourrait contenir la gutta-percha.

Ces essais, faits par l'entrepreneur fabricant, sont répétés et vérifiés par les ingénieurs agissant au nom de la Compagnie contractante.

4° Le fil isolé est expédié à la manufacture des câbles, où on l'éprouve de nouveau, tant dans son isolement que dans sa conductibilité, immédiatement après son arrivée à la fabrique ; après quoi on l'admet, s'il y a lieu, à faire partie du câble ;

5° Enfin, pendant toute la durée de la manufacture, les épreuves du cuivre et de l'isolement sont répétées deux fois par jour, sur toute la longueur des sections du câble en construction, que l'on maintient constamment sous l'eau dans des réservoirs spéciaux.

Nous allons examiner toutes ces opérations et d'autres plus délicates qui s'y rattachent.

Définition du courant électrique.

Une idée bien définie de la résistance électrique est nécessaire à la conception de   s que nous allons essayer de décrire ; ce qui se passe lorsque, prenant joignons métalliquement ses deux fil. Si nous mettons une aiguille aim le voisinage de ce fil, nous constaterons la présence d'un courant, et la déviation de l'aiguille sera d'autant plus grande que le courant sera plus fort ; d'où l'on conclut que la magnitude du courant est proportionnelle à la force qui le produit. Si au lieu de placer l'aiguille aimantée près du fil qui rejoint les deux pôles de la pile, nous la mettons au centre d'une bobine de fils l'enveloppant de ses circonvolutions, l'effet de la pile sera multiplié, et nous obtiendrons la forme rudimentaire de l'appareil appelé galvanomètre.

Un appareil de ce genre mesure exactement les forces relatives d'un courant faible, lorsque l'aiguille aimantée n'est que très peu déviée de sa position normale ; on comprend qu'il n'en peut plus être ainsi lorsque les déflexions deviennent assez fortes pour placer l'aiguille dans une position perpendiculaire à celle de la bobine.

7.

L'effet de la pile est néanmoins constant, et cette source de force traverse le conducteur d'une manière permanente, de même que pourrait le faire un tuyau transportant le produit d'une source d'eau vive. Mais, de même que le passage de la quantité d'eau qui traverse une conduite dépend de certaines circonstances, et qu'elle ne peut livrer passage qu'à un courant d'eau donné sous une charge donnée, de même aussi le courant électrique produit par la pile, dépend de la résistance du circuit. Si le fil est gros et court, le courant sera fort et ne trouvera qu'un très faible obstacle à son écoulement; il ne s'écoulera d'ailleurs que faiblement si le fil est long et d'un moindre diamètre, et alors la résistance au passage sera très grande. Les effets de la pile sont donc proportionnés aux dimensions du conducteur; ils varient aussi avec la matière dont ces conducteurs sont formés. Les découvertes d'Ohm en 1827, les travaux de Lenz et Fechner, et la méthode dite du parallélogramme de Wheatstone publiée en 1843, par l'illustre professeur, permettent la comparaison des résistances entre elles.

Résistance. — Loi de Ohm.

On sait en effet que, d'après la loi de Ohm exprimée par la formule

$$C = \frac{E}{R}$$

la force d'un courant C, passant à travers un circuit de résistance R, avec une force électro-motrice E, est simplement égale au rapport de ces deux quantités. Avec certaines sources d'électricité, ce rapport est constant, et la valeur de C diminuera de moitié si nous doublons R par la duplication de la longueur du circuit; réciproquement, si le courant est réduit de moitié, par l'introduction d'une certaine longueur de fil dans le circuit, on pourra en conclure que la résistance de ce circuit a été doublée exactement.

Cette façon d'envisager la loi de Ohm permet d'abandonner les distinctions de quantité et d'intensité du courant; ces distinctions deviennent en effet inutiles, puisqu'un courant n'a qu'une propriété mesurable, qui est sa magnitude ou sa force.

Le circuit, comprenant la pile et le galvanomètre, la résistance de ces appareils devra étre avant tout déterminée.

Résistance des piles.

Il y a plusieurs méthodes, également simples, de mesurer la résistance des piles.

M. de la Rive indique la suivante dans son traité d'électricité (vol. 2, p. 78).

Soit D la déflexion obtenue en court circuit;

R la résistance du court circuit comprenant la pile, le galvanomètre et les fils d'attache;

r une résistance additionnelle;

d la déflection nouvelle produite par l'addition de cette résistance nouvelle;

Alors D-d sera la diminution de la déflection causée par cette addition, et $R + r$ le total de la nouvelle résistance, et

$$\frac{D - d}{D} = \frac{r}{R + r} \quad \text{d'où} \quad R = \frac{r\,d}{D - d}$$

Mais si, comme nous disions plus haut, d est la moitié de D, il en résulte que $r = $ R, et que cette résistance additionnelle représente la valeur de de la pile et du galvanomètre ; la résistance de ce dernier devra être une quantité connue qu'il faudra déduire de la valeur r pour obtenir la résistance exacte de la pile. On néglige, bien entendu, la résistance très minime des fils d'attache.

Voici le moyen indiqué par Sir W. Thomson pour agir indépendamment de la résistance du galvanomètre.

Il faut alors opérer avec une boussole différentielle dont les deux bobines ont une résistance sensiblement égale. On met d'abord la pile dans le circuit de la première moitié du galvanomètre, et l'on note la déviation, puis on met dans le circuit le galvanomètre entier, la pile et une résistance, ajustée de manière à reproduire la première déviation observée. La résistance introduite sera évidemment égale à celle de la pile, car nous reproduisons dans le second cas, la déviation obtenue avec la moitié du galvanomètre dans le premier cas ; l'électricité traverse alors un nombre double de circonvolutions autour de l'aiguille aimantée, et si nous appelons n le nombre des circonvolutions de chacune des deux bobines du galvanomètre, g la résistance de chacune d'elles, x la résistance de la pile, et R la résistance introduite afin de reproduire la déviation primitive, nous avons

$$\frac{n}{x + g} = \frac{2\,n}{x + 2\,g + \text{R}}$$

d'où $2\,x + 2\,g = x + 2\,g + \text{R}$ et $x = $ R

Avec l'appareil extrêmement sensible de Sir Thomson, on se sert souvent d'une méthode commode et simple qui consiste à établir simplement en court circuit l'appareil, la pile et une résistance variable. Seulement on joint les deux boutons de l'appareil par un fil fin qui dérive presque tout le courant de la pile, et ne permet que l'introduction d'une portion infinitésimale d'électricité dans l'appareil; la déviation obtenue se réduit de moitié au moyen de la résistance variable, qui représente dès lors celle de la pile éprouvée.

Piles employées. — Elément Minotto.

Les piles le plus ordinairement en usage, pour les épreuves sur les câbles, sont composées d'éléments Daniell, tels que les a modifiés M. Minotto. Dans un vase en verre, ou mieux en caoutchouc durci, on pose à la base une rondelle de cuivre rouge à laquelle vient se souder un fil de cuivre recouvert de gutta-percha, plus long que la hauteur du vase. Au-dessus et au-dessous de cette rondelle sont entassés des cristaux de sulphate de cuivre, remplissant environ un quart de la hauteur du vase. Ces cristaux sont recouverts d'un chiffon séparateur sur lequel on dépose de la sciure de bois sur une hauteur double de celle des cristaux. Sur la sciure repose le zinc de la pile qui est coulé en une rondelle assez épaisse, au centre de laquelle est soudé un fil de cuivre recouvert de gutta-percha formant le pôle négatif. Si l'on verse de l'eau dans le vase, de manière à humecter convenablement la sciure

de bois sans la noyer, on obtient une pile très
constante et durable, où le liquide le plus dense
reste constamment au fond. Le vase peut se
clore hermétiquement en mastiquant le couvercle,
et on évite ainsi les effets ordinaires de cristal-
lisation dus à l'évaporation (*fig.* 2, Pl. I).

La résistance moyenne de cet élément est de
20 ohmads, après que l'action chimique est convenablement établie, et cette valeur reste très
constante pendant les quatre ou cinq mois durant
lesquels la pile peut être utilisée, sans qu'il soit
nécessaire d'y apporter aucun changement autre
que l'addition de quelques gouttes d'eau de temps
à autre.

Comparaison des résistances.

La loi de Ohm permettrait la comparaison directe des résistances par l'effet relatif du courant
dans un circuit donné ; mais on comprendra aisément l'inexactitude des résultats qui en découle-
raient.

La force électro-motrice peut varier aussi
bien que la résistance de la pile, et les observations des déviations devraient être rigoureusement exactes pour qu'une approximation quelconque pût être obtenue. Il a donc fallu, tout en
se basant sur loi fondamentale de Ohm, inventer
des épreuves plus exactes, afin d'arriver à une
mesure rigoureuse de la résistance des conducteurs.

Une des plus employées, au début, consistait
dans l'emploi d'un galvanomètre différentiel; l'un
des côtés de ce galvanomètre était mis en con-

tact avec le fil à mesurer, dont l'autre extrémité
était en communication avec la terre ; à l'autre
bobine du même galvanomètre était fixée la résistance variable à laquelle le fil devait être comparé, et l'extrémité de cette résistance communiquait aussi avec la terre. Enfin, au centre du
galvanomètre différentiel était fixé le pôle cuivre
d'une pile dont le pôle zinc était aussi à la terre.
La pile envoyait son courant à droite et à gauche,
faisait dévier l'aiguille d'un côté ou d'un autre,
jusqu'à ce que la résistance variable, ayant été
ajustée de manière à contrebalancer le fil mesuré, ramenait l'aiguille au zéro ou à l'immobilité (*fig.* 3, Pl. i).

Cette épreuve, quoique satisfaisante dans bien
des cas, dépendait de l'égalité absolue des bobines différentielles du galvanomètre, et ne permettait pas toujours la mesure de très grandes
ou de très petites quantités.

Parallélogramme ou Pont de Wheatstone.

L'appareil de mesure différientielle, connu
sous le nom de parallélogramme ou pont de
Wheatstone, est probablement le plus convenable et le mieux adapté aux épreuves des résistances. Supposons quatre fils reliés à une pile
et à un galvanomètre, comme dans la fig. 4, Pl. i,
et appelons A, B, C et D, les résistances des
quatre côtés du parallélogramme. Le galvanomètre le plus délicat n'indiquera aucune dévia-

tion si $\dfrac{A}{B} = \dfrac{C}{D}$ mais si $\dfrac{A}{B}$

est un peu plus grand ou un peu plus petit, un courant passera dans un sens ou dans l'autre et déviera l'aiguille. Nous avons donc ainsi le moyen de comparer l'un des quatre côtés du parallélogramme aux trois autres, et si A et B sont égaux, nous pouvons essayer quelle longueur de D est égale à C, qui peut être une longueur fixe et invariable.

C'est précisément là l'épreuve adoptée pour choisir le cuivre que l'on doit admettre dans les câbles et vérifier si sa conductibilité est de la qualité voulue.

Supposons que C soit une longueur de 100 centimètres de fil de cuivre reconnu de bonne qualité ; si la longueur d'un nouveau rouleau de fil à éprouver, que l'on insère en D, est exactement de 100 centimètres lorsque l'aiguille du galvanomètre revient à zéro, les deux qualités de fil sont égales. S'il faut, au contraire, insérer 105 centimètres du nouveau rouleau pour obtenir ce résultat, ce nouveau fil est de 5 0/0 meilleur en qualité que l'étalon choisi ; il serait, d'ailleurs, de 5 0/0 inférieur si la longueur, qui ramène l'aiguille à l'état d'immobilité, n'était que de 95 centimètres.

Cette mesure pourrait évidemment se faire presque aussi exactement au moyen du seul galvanomètre différentiel ; mais voici en quoi le parallélogramme de Wheatstone offre des avantages. Supposons qu'il faille mesurer une longueur de fil ayant 10 fois la résistance de C, qui ne peut varier, nous pouvons alors faire la branche B exactement égale à 10 fois A, et, lorsque nous aurons ajusté D de telle sorte que le galvanomètre reste insensible, nous pourrons être certains que la résistance de D est exactement 10 fois celle de C.

Cette méthode permet donc la comparaison de deux fils entre eux ; mais comme il est généralement convenable de pouvoir aussi comparer ces deux quantités à un terme commun, tel que pourraient l'être les mesures de longueur ou de poids, on a choisi, comme étalon ou unité, la résistance de longueurs réduites ou définies qui permettent une comparaison directe de diverses autres longueurs.

Etalons ou unités de résistance.

On a proposé plusieurs étalons, dont voici les plus importants :

Celui de M. Siemens est à peu près égal à une longueur de 113 mètres d'un fil de cuivre pur de $15^m/^m8$ de diamètre à $15°$ cent. On le reproduit au moyen d'une colonne de mercure haute d'un mètre et ayant une section d'un millimètre carré éprouvée à la température de la glace fondante.

L'étalon proposé par le professeur Wheatstone est également représenté par un fil de cuivre de $15^m/^m8$ de diamètre, long d'un mille (1609^m34), et semble plus pratique à cause de ses dimensions.

L'unité de l'Association britannique ou ohmad, peut se reproduire au moyen d'un alliage de deux parties d'or et d'une d'argent, étiré assez fin pour qu'un mètre de ce fil ne pèse qu'un gramme.

8

Une longueur de 0^m5955 de ce fil représentera alors exactement la valeur de cet étalon.

Enfin, l'unité française de la mesure des résistances électriques est un kilomètre de fil de fer de 4 millimètres de diamètre (1).

De tous ces étalons, ceux de M. Siemens et de l'Association britannique, ont été les plus usités pour la mesure des résistances des câbles construits jusqu'ici. L'ohmad a, depuis quelques années, été presque exclusivement adopté et paraît avoir des chances d'un emploi général.

Comme notre système métrique, cette unité est basée sur des fondements rationnels que nous allons essayer de définir en quelques mots.

L'unité de force, engendrée dans l'unité de résistance, par une vélocité de dix millions de mètres par seconde dans l'unité d'espace magnétique, rend aussi succinctement que possible l'idée que l'on en peut concevoir. On ne peut certainement arguer de la simplicité du système, et l'idée de temps, de masse, de force ou de matière embarrassent l'esprit ; mais la vélocité en donne une idée plus précise. C'est, après tout, une unité de mesure absolue, aussi précise que le kilogrammètre, et qui forme un système naturel de mesures scientifiques aussi rationnel que les degrés du thermomètre ou la mesure du temps.

Il eût pourtant convenu de lui donner dès l'abord le nom d'Ohm ou Ohmad, que l'on a adopté aujourd'hui, car il est certain que son nom primitif de *"British unit"* a arrêté ou retardé son adoption universelle.

(1) Voir à l'appendice.

L'unité de résistance adoptée en France doit évidemment donner des résultats très imparfaits. Le kilomètre de fil de fer de 4 $^{m}/^{m}$ (1) peut varier infiniment en résistance et en qualité, et comme les résistances diffèrent d'ailleurs très sensiblement avec la température dont on semble n'avoir pas tenu compte, il en résulte que la reproduction exacte de cet étalon est à peu près impossible. Trois étalons basés sur ce système de longueur réduite et présentés par MM. Digney, Hipp et Bréguet, à l'exposition de Londres, de 1862, variaient tous les trois d'environ 0.50 0/0, et étaient respectivement 9.266, 9.760 et 10.420.

Le kilomètre de fil de fer est néanmoins une unité de facile application, à la condition qu'on en détermine exactement la valeur. Entre 10 et 30° c., cet étalon vaut 10 ohms, et remédierait à la principale objection faite à l'unité anglaise, qui est sa petitesse. Il serait à désirer que l'on consacrât en France toute l'attention que l'Association britannique a donnée à cette importante question, et il est probable que, tout en conservant l'ohmad comme base des mesurements scientifiques, la longueur kilométrique, considérée comme un multiple décimal de l'ohmad, pourrait former celle des mesurements pratiques.

(1) La résistance exacte d'un kilomètre de fil de fer de 4 $^{m}/^{m}$ de diamètre a été trouvée égale à 9.605 ohms, à 5° c. Ce fil, recuit et galvanisé, devait servir à l'armure d'un câble, et provenait de la fabrique de MM. Johnson, de Manchester.

Bobines de résistance.

Lorsqu'on a fait choix d'une unité, il est nécessaire de construire ses multiples, pour la mesure des quantités plus grandes, et des sous-multiples pour celle des valeurs plus petites. Dans ce but, on dispose des bobines ayant 2 fois, 3 fois, 4 fois,..... 1,000 ou 10,000 fois la résistance de l'étalon, et ces bobines, introduites dans la balance de Wheatstone, donnent les plus grandes facilités de comparaison. Si nous désirons, au moyen de cette série, connaître la résistance d'un fil, nous mettrons en A et en B (*fig.*4, Pl. i) deux bobines de résistance égale, le fil à éprouver en D, et les bobines de résistance variable en C; un essai ou deux suffiront pour déterminer la résistance du fil et ramener l'aiguille à zéro. Si D est trop petit pour être mesuré ainsi, nous pourrons choisir deux bobines égales à 1 et 100 respectivement pour B et A; lorsqu'après l'essai, l'aiguille aura été ramenée à zéro, la résistance sera la centième partie de celle de la résistance variable en C. Si, au contraire, D est trop grand, on fera A = 1, et B = 100, et la résistance de D deviendra 100 fois celle qu'il eût fallu ajuster en C pour ramener l'aiguille du galvanomètre à l'immobilité.

On peut obtenir un degré de précision plus grand encore dans la comparaison de C à D, et l'on comprend que cela devient surtout nécessaire dans la reproduction de l'étalon et de ses multiples pour la formation de séries de bobines de résistance (1). On y parvient en faisant intervenir au point *l*, où s'attachent A B et le galvanomètre, une tringle métallique, formée de matière uniforme et posée à plat sur une échelle graduée, sur laquelle glisse le fil auquel se rattache le circuit du galvanomètre ; il est essentiel de connaître la résistance de cette tringle en comparaison des autres parties de A et B. Si A, B, C et D sont balancés aussi exactement que possible par l'addition ou la soustraction de résistance en C, on obtiendra une balance encore plus parfaite en faisant glisser à droite ou à gauche le point *l* ; si l'on observe alors sa position, elle indiquera la relation absolue entre A et B; la valeur de D se déduira sans peine et avec la plus grande exactitude par une simple proportion et en termes de l'unité introduite en C. En un mot, tous les changements dont une proportion géométrique est susceptible, peuvent être opérés au moyen de cet arrangement, et l'on peut faire des mesurements qui n'ont pas même $\frac{1}{100.000}$ d'erreur.

Nous possédons maintenant les moyens de mesurer très exactement la résistance des fils en les comparant tous à la même unité; mais il est parfois utile de savoir à l'avance quelle devrait être la résistance d'un fil donné, et pour y arriver, il suffira de connaître quelle est la résistance d'un fil de dimensions connues pour chaque métal ; la résistance de tous les autres fils de ce métal pourra dès lors se calculer, puisque cette résis-

(1) Cantor Lectures.

8.

tance est directement proportionnelle à la longueur et en raison inverse de la section du fil. Le tableau ci-contre donne les résistances spécifiques, ou résistances en dimensions réduites, de divers métaux définies de deux manières. La première colonne contient les chiffres que l'on trouvera sans doute les plus utiles.

Supposons qu'il s'agisse de connaître à 0° la résistance d'un conducteur de cuivre pur étiré pesant 180 kilos par mille nautique. La longueur du mille étant de 1,854^{m}50, le mètre pèsera

$$\frac{180.000}{1854.5} \text{ ou } 97^g6$$

La résistance d'un fil pesant un gramme par mètre étant 0,1469, celle du mille sera

$$\frac{1854.5 \times 0.1469}{97.6} \text{ ou } 2.77$$

Si, au lieu de connaître le poids du fil, nous ne pouvons avoir que son diamètre, le calcul sera plus simple encore et se fera au moyen de la constante de la seconde colonne. Ainsi, la résistance à 0° d'un mille de cuivre pur étiré ayant 4 $^m/_m$ de diamètre serait

$$\frac{1854.5 \times 0.02104}{4^2} \text{ ou } 6.21$$

TABLE I.

Résistances spécifiques (en Ohms) de métaux et alliages, à la température de 0° centig. Expériences du Dr Matthiesen.

Noms des Métaux ou Alliages	Résistance du mètre gramme.	Résistance d'un fil de 1^m, diamètre 1^{m}/^{m}.	Variation de la résistance par degré, au-dessus de 20c
			°/o
Argent recuit	0.1544	0.01937	0.377
— étiré.	0.1689	0.02103	. . . . .
Cuivre recuit	0.1440	0.02057	0.388
— étiré.	0.1469	0.02104	. . . . .
Or recuit.	0.4080	0.02650	0.365
— étiré.	0.4150	0.02697	. . . . .
Aluminium.	0.0576	0.03751	. . . . .
Zinc comprimé. . . .	0.3983	0.07244	0.365
Platine recuit	2.464	0.1166	. . . . .
Fer id.	0.7522	0.1251	. . . . .
Nickel id.	0.8666	0.1604	. . . . .
Etain comprimé . . .	0.9184	0.1701	0.365
Plomb id.	2.257	0.2527	0.387
Antimoine id.	2.3295	0.4571	0.389
Bismuth id.	3.525	1.689	0.354
Mercure liquide. . . .	13.071	1.270	0.072
Alliage de 2 parties de platine et une d'argent en poids, recuit ou étiré.	2.959	0.3140	0.031
Métal blanc allemand, recuit ou étiré (1). . .	1.850	0.2695	0.044
Alliage de 2 parties d'or et 1 d'argent, en poids.	1.668	0.1399	0.065

Jenkin. *Cantor Lectures.*

(1) Cet alliage sert généralement à former les bobines de résistance.

Effet de la température sur la résistance.

On remarquera que la recuite change matériellement la résistance du fil, bien que la composition chimique reste la même. Le Dr Matthiesen a vérifié que la résistance de tous les métaux augmente avec la température, et que, pour les métaux purs, excepté pour le fer, l'augmentation de résistance est sensiblement la même entre 0° et 100° c. (1). Approximativement, l'accroissement de résistance dû à la température est de 0.37 à 0.39 0/0 pour chaque degré centigrade dans les limites qui se présentent ordinairement.

La résistance des alliages est en général beaucoup plus grande que la moyenne des résistances des métaux qui les composent, et le mélange d'une partie infime de matière étrangère augmente la résistance des métaux purs dans des proportions inattendues. Il en résulte que l'on se procure difficilement, dans le commerce, du cuivre ayant les qualités électriques du métal pur. La qualité du cuivre des premiers câbles était souvent très inférieure; mais on est parvenu dernièrement à obtenir de l'industrie du cuivre dépassant d'environ 10 0/0 seulement la résistance du cuivre pur.

Bien que les alliages ne soient pas employés pour la construction des câbles à cause de leur grande résistance, ils sont très utiles pour la

(1) Suivant Becquerel (*Traité d'Electricité*, vol. I, p. 87), un fil de cuivre élevé de 0° à 100° c., diminue en conductibilité de 100 à 70,9 ou, ce qui revient au même, sa résistance augmente de 100 à 140,9.

construction de résistances artificielles sous un petit volume, et ne subissent d'ailleurs que de faibles variations de température.

Il y a plusieurs points d'une grande importance pratique, concernant la mesure de la résistance des conducteurs. Dans la construction des bobines de résistance, le fil doit être placé en double sur la bobine, afin que le courant puisse passer dans les deux sens et en se divisant également; cette précaution permet d'éviter l'induction du fil sur lui-même et d'éliminer cet élément (1).

Il faut avoir soin, lorsqu'on se sert de la balance Wheatstone, de mettre en contact la pile d'abord en o, puis le galvanomètre en p. Le contact avec la pile doit être aussi court que possible, afin d'éviter l'échauffement du fil que l'on éprouve. On se sert pour cela d'une clef à double contact qui remplit bien ce but. Les contacts 1 et 2, *fig.* 5 et 6, Pl. I, correspondent aux deux boutons du galvanomètre; 2 et 3 sont isolés l'un de l'autre par de la vulcanite, et 3 et 4 correspondent aux deux pôles de la pile. La clef est sup-

---

(1) Dans les câbles à plusieurs fils, l'induction se produit souvent d'un fil à l'autre, lorsque le câble est enroulé dans un réservoir; on essaye alors les fils en couple, et ainsi, s'il s'agit d'un câble à 4 fils, $1 + 2$, $1 + 3$, $1 + 4$ et $2 + 3$; soit $1 + 2 = A$, $1 + 3 = B$, $1 + 4 = C$ et $2 + 3 = D$; $B - A = 3 - 2$ et $D = 2 + 3$, d'où $3 = \dfrac{B + D - A}{2}$ et $2 = \dfrac{D + A - B}{2}$, $1 = A - 2$ et $4 = C - 1$.

portée par une petite tablette en vulcanite et par des supports isolants.

Les résistances qui se rencontrent aux points de contact étant parfois considérables, il faut prendre toutes les précautions possibles pour les éviter. Dans les mesures exactes, on emploie le plus souvent des coupelles de mercure pour établir les communications.

La résistance des fils composant la balance ne doit pas trop différer de celle que l'on doit mesurer; lorsque l'on compare des résistances de peu de longueur, un galvanomètre à circuit court remplira mieux le but, et réciproquement un galvanomètre à long circuit vaudra mieux pour mesurer la résistance d'une grande longueur.

Enfin, il vaut mieux employer un seul élément à très grande surface que plusieurs éléments à petite surface; on pourra d'ailleurs toujours disposer la pile de manière à ce qu'elle remplisse cette condition.

Toutes les précautions prises dans la mesure des conducteurs ont été suivies d'une amélioration graduelle de la qualité du cuivre employé. Nous donnons ci-après un tableau comparatif de la valeur du cuivre de plusieurs câbles, dans lequel les derniers chiffres des 4e et 5e colonnes représentent la perfection.

On appelle plus généralement résistance spécifique celle qui est opposée au courant électrique par un cylindre d'un millimètre de diamètre, et de 1 mètre de long, mais la définition adoptée ici est celle qui a été admise dans la pratique.

La résistance spécifique se déduit de celle du mille nautique par l'emploi de la formule

$$S = \frac{R\,P}{L^2}$$

où R est la résistance, P le poids en grammes, et L la longueur en mètres du mille nautique.

TABLE II.

Résistance spécifique ou résistance d'une longueur d'un mètre pesant un gramme en Ohmads, à la température de 24° centigrades.

Date.	Nom du câble.	Résistance par mille naut. (1854m5) à 24° C.	Résistance du mètre gramme à 24° C.	Comparaison au cuivre pur.
				°/₀
1859	Mer Rouge.	7.94	0.1937	83.40
1861	Malte Alexandrie.	3.49	0.1893	85.39
1863	Golfe Persique.	6,284	0.1906	84.79
1865	Atlantique.	4.27	0.1736	93.08
1866	Dito	4.20	0.1715	94.23
»	Anglo-Prussien.	11.98	0.1751	92.32
1867	Placentia-S.-Pierre	8.958	0.1821	88.73
»	Cuba-Floride.	12.38	0.1795	90.01
»	La Panne Douvres,	12.48	0.1812	89.29
	Cuivre pur.	»	0.1616	100.00

Epreuves de l'isolement.

De même qu'un corps conduit d'autant mieux l'électricité que sa résistance est moindre, de même aussi un corps isolant est d'autant meilleur et empêche d'autant plus la perte ou l'écoulement de l'électricité par ses pores, qu'il offre une plus grande résistance à cette perte. Dans les deux cas, le mot résistance a le même sens, car les corps conducteurs et les corps isolants opposent le même genre de résistance au passage d'un courant, les premiers en permettant à une pile très faible la production d'un courant considérable sur le conducteur, et les seconds en ne permettant à une pile très forte que la production d'un courant très faible à travers le corps isolant. La différence de conductibilité (qui est l'inverse de la résistance) qui existe entre la gutta-percha du câble Atlantique et une masse semblable de cuivre, a été comparée par M. Jenkin (N. B. Review, décembre 1866), à celle qui existe entre la ~~vélocité~~ de la lumière et celle d'un corps parcourant un pied dans l'espace de 6,700 ans.

Et pourtant ces deux quantités sont comparables et peuvent se mesurer en termes de la même unité.

L'objet de l'enveloppe isolante dont on entoure le conducteur est évidemment d'empêcher toute portion sérieuse du courant de passer du cuivre à la mer ; et l'on a souvent comparé, non sans raison, le fil isolant à une conduite pleine d'eau, qui contient et dirige le débit de la source, et l'empêche de se perdre dans les terres. Ici le cuivre peut être comparé au diamètre intérieur de la conduite, qui permet le passage de l'eau et ne retarde son mouvement que par la friction. Quant à la gutta-percha, les tuyaux de conduite la représentent, à cette exception près, que l'on peut toujours construire une conduite d'eau parfaitement étanche, tandis qu'aucune matière, excepté cependant l'air très sec, ne contient parfaitement l'électricité.

C'est justement sur cette propriété, en vertu de laquelle la gutta-percha perd une partie de l'électricité qu'on lui confie, qu'est basée l'épreuve de l'isolement. Puisque la perte partielle du courant a lieu à travers l'isolement, il suffira de constater cette perte sur un galvanomètre, et si elle n'est pas hors de proportion avec la longueur du fil, on en pourra conclure au bon état des choses.

Cette simple épreuve consiste à mettre en communication une extrémité du fil A (fig. 7, Pl. I), avec le pôle Z de la pile, dont l'autre pôle C est en contact avec le réservoir métallique T, qui contient le fil éprouvé. Le galvanomètre G, placé entre la pile et le fil, indiquera la valeur du courant passant du conducteur à l'extérieur de l'enveloppe isolante, puisque l'extrémité B du fil est isolée. C'est ce courant qui indique la perte. Avec un galvanomètre dont on aurait la valeur, une pile dont la force motrice serait connue, et un fil de longueur déterminée, la déviation du galvanomètre pourrait suffire à indiquer si la perte est normale ou non, et on reconnaîtrait aussi, par une forte déviation de l'aiguille, si quelque fissure de la gutta-percha ou autre défaut du même genre, établit une communication anormale du conducteur à l'extérieur de l'enveloppe isolante. Cette épreuve était la seule dont on fit usage autrefois; mais elle n'offre qu'un

9

mesurement comparatif très imparfait de la valeur de l'isolement, car, lorsqu'il s'agit de mesurer une longueur très grande de fil, la déviation
du galvanomètre s'accroît de toute la perte qui
se produit le long du fil ; cette déviation, parfois
très grande, peut englober une faute très minime
qui resterait ainsi dans le câble à l'état latent. Il
a donc fallu trouver une méthode plus précise
de mesurement, analogue à celle employée pour
le conducteur, car on ne pouvait s'en tenir aux
simples indications de l'aiguille aimantée.

Une légère modification permet, toutefois,
d'exprimer la résistance de l'isolement en fonction de la déviation produite sur l'aiguille, et
dans les mêmes termes et la même unité de mesure employée pour le conducteur. On comprendra, sans peine, qu'un instrument de mesure doit
être proportionné aux quantités qu'on lui compare, et que la première condition est d'avoir un
appareil très délicat pour les petites longueurs.
En outre, les galvanomètres construits dans des
conditions identiques ne sont pas, pour cela,
exactement semblables dans leurs indications,
et, bien plus, il arrive souvent que le même instrument varie et n'est point constant.

Si donc, après avoir observé la déviation de
l'aiguille, on note la perte du courant qui s'est
produite par l'isolement (*fig.* 7), et qu'on rem-
place le fil AB par une résistance R variable
et ajustée de telle façon que cette déviation soit
reproduite (*fig.* 8) ; on aura, dans les deux cas,
une déviation obtenue dans des conditions identiques, et R représentera exactement la résis-

tance opposée par l'isolement à la perte du courant. En général, le galvanomètre est trop sensible pour que cette opération puisse avoir lieu directement; en outre, la pile, qui devait être forte pour occasionner un effet sensible à travers la gutta-percha, produirait, en court circuit, un courant violent qui renverserait l'aiguille sans fournir aucune indication précise. Il faut donc réduire et la pile et la valeur du galvanomètre. Pour cela, on joint $a\,b$ pour une bobine de dérivation S ayant une résistance proportionnée à celle du galvanomètre et égale à $\dfrac{G}{999}$ par exemple.

Alors (*fig.* 8), le courant de la pile se divisera en a et b entre les deux branches S et G, dans la proportion de 999 à 1. Si nous appelons x la résistance du circuit, il est certain que dans ce cas nous n'aurons que $\dfrac{1}{1000}$ de la résistance offerte par l'isolement dans le cas de la figure 7; puisque, dans le second cas, ce n'est que la $\dfrac{1}{1000}$ partie du courant qui traverse le galvanomètre. Si, d'ailleurs, la pile avait 100 éléments dans le premier cas, et qu'en court circuit on ne mît qu'un élément, la force du courant serait encore 100 fois moindre, et le courant qui traverse le galvanomètre en court circuit la $\dfrac{1}{100.000}$ partie de celui qui était indiqué par la perte de l'isolement. La résistance de la perte est donc égale à $100,000\,x$.

Dans bien des cas, on fait $x = \text{R}$ seul, et l'on peut négliger les autres parties du circuit, surtout si R est très grand, S très petit, et C Z un seul élément ; mais on peut toujours calculer la résistance totale de x.

En effet, la résistance qui existe de a à b se compose de deux fils joints en arc multiple. L'une des résistances $= S$ et l'autre $= G$, et leur somme est

$$\cfrac{1}{\cfrac{1}{G} + \cfrac{1}{S}}$$

En ajoutant à cette quantité la résistance R et celle de la pile, nous aurons la résistance totale du circuit.

On n'ajuste pas toujours R de façon à reproduire exactement la déviation obtenue par la perte de l'isolement. Comme on se sert maintenant du galvanomètre très sensible de Thomson, on commence, dès le matin, par mesurer la constante de cet instrument, et voici comment on y procède. On détermine la déviation obtenue en court circuit sur l'instrument avec un élément et une résistance de 10 millions d'ohms, en se servant d'une dérivation égale à $\frac{1}{999}$ du galvanomètre, et une résistance R de 10,000 ohms. On note cette déviation D ; puis on compare l'élément dont on vient de se servir à la pile qui doit être employée à la mesure de la perte. Cette comparaison peut s'opérer de plusieurs manières ; mais la plus employée est celle qui permet d'obtenir les effets relatifs de la décharge d'un condensateur chargé d'abord avec l'élément simple, puis avec N éléments semblables. Cette opération peut se faire avec un galvanomètre ordinaire ; on note les effets de la décharge dans les deux cas et on les compare. Le résultat de cette comparaison indique si les N éléments sont absolument égaux à N fois l'élément étalon qui a servi à mesurer la constante de l'instrument. Supposons qu'il en soit ainsi, et procédons à la mesure de la perte du fil isolé, soit d la déflection indiquant cette perte, la formule

$$R = \frac{D\,N}{d} \times 10.000.000 \quad (1)$$

donnera la résistance totale du fil isolé, et si le câble a plusieurs milles de long, il suffira de multiplier R par ce nombre de milles pour avoir la résistance d'un mille du câble.

Comme, à moins de choc ou d'accident, la constante varie peu dans l'espace d'un jour, on se contente de la mesurer une fois, pour toutes les opérations de la journée, et on agit de même en ce qui concerne les piles et leurs forces électro-motrices.

Il faut aussi avoir soin, en faisant l'épreuve de l'isolement, de ne pas laisser le premier choc du courant traverser le galvanomètre ; on dispose, à cet effet, en O (*fig.* 7) une connexion en court circuit dont la résistance est nulle.

---

(1) Afin d'éviter l'alignement de tant de zéros, M. L. Clark appelle du nom de megohms (ou grand ohm) les valeurs de cette unité, qui se trouveraient suivies de six zéros. M. Jenkin a souvent employé, dans le même but, le chiffre 10^6, où l'exposant 6 représente l'indice de la puissance du nombre 10. Ainsi, 450 millions d'ohms peuvent s'écrire sous la forme 450×10^6 ohms, ou simplement 450 megohms.

Ce contact est supprimé aussitôt que l'effet de la charge du câble est complet.

Galvanomètre de Thomson.

Il faut assumer que, dans l'opération décrite ci-dessus, on s'est servi d'un galvanomètre dans lequel les déviations sont proportionnelles à la magnitude du courant. C'est pour cela qu'on emploie maintenant exclusivement le galvanomètre astatique et à réflexion de Thomson.

Cet appareil se compose de deux bobines circulaires superposées et formées chacune de deux cadres en cuivre diamagnétique (précaution importante dans un appareil aussi délicat), et s'ajustant de façon à laisser une rainure dans leur axe vertical, ainsi qu'un espace cylindrique dans leurs centres. Sur ces bobines s'enroule un fil de cuivre ou d'alliage d'argent très fin et recouvert de soie. Pour assurer l'isolement des diverses couches de fil, les bobines sont trempées dans un bain chaud de cire ou de paraffine. — L'aimant est très petit et excessivement léger, et fixé au dos d'un petit miroir circulaire, dont la réflexion devra pouvoir traverser l'espace cylindrique réservé dans la bobine supérieure (*fig.* 9 et 10, Pl. i). Le poids combiné du miroir et de l'aimant n'atteint pas 12 milligrammes. Ils sont fixés à une légère tige d'aluminium, qui se prolonge jusqu'au centre de la bobine inférieure, et supporte, dans le plan du miroir, un second petit aimant dont les pôles sont disposés astatiquement au premier.

Perpendiculairement à cet aimant, et dans

l'axe horizontal de la bobine inférieure, sont fixées deux lames en mica, dont les ailes doivent opposer leur résistance à l'air lorsqu'une déviation se produit.

La tige d'aluminium supportant l'ensemble du système, est suspendue à la partie supérieure de l'appareil, par une fibre très fine de soie sans torsion, et grâce à la rainure verticale ménagée dans les bobines, cette tige peut passer par le centre de gravité de l'appareil. Des vis callantes placées dans le plateau de support, permettent de le poser de niveau, afin que le système des aiguilles puisse se mouvoir librement, suivant l'axe vertical.

Les rayons réfléchis sont concentrés en un foyer par une lentille concave, ou bien encore par la concavité du petit miroir.

Un aimant courbe fixé sur une tige en cuivre qui domine la cage de l'appareil, est destiné à contrebalancer le magnétisme terrestre, et peut glisser le long de cette tige de manière à augmenter ou diminuer à volonté la constante de sensibilité du galvanomètre. Cette tige est munie d'une roue dentée, s'engrenant sur une vis sans fin, qui permet de tourner graduellement l'aimant dans le même plan, et d'ajuster parfaitement le zéro.

Il convient d'orienter le galvanomètre perpendiculairement à l'axe du méridien magnétique.

Une lampe, placée à environ 75 centimètres de distance, projette un rayon de lumière sur le miroir à travers une ouverture longitudinale ménagée dans le centre de l'échelle graduée, derrière laquelle elle est placée (*fig*. 10). Le miroir concave réfléchit et concentre ce rayon en un foyer représentant l'image de la flamme sur une échelle horizontale et graduée. Cette image voyage à droite et à gauche de l'échelle, suivant les déviations de l'aiguille aimantée; et comme l'angle dans lequel elle se meut est double de celui dans lequel se meut le miroir, l'index de ce galvanomètre correspond à une aiguille indicatrice impondérable de 1^m50 de longueur. Cette dimension de l'index permet la perception des plus légers mouvements du miroir et de l'aiguille; en outre, grâce au très faible espace angulaire suffisant pour que l'image réfléchie traverse l'échelle entière, les déviations de l'index peuvent être considérées comme strictement proportionnelles aux courants qui les produisent, et les divisions de l'échelle représentent exactement la force du courant.

Cet appareil est non-seulement très exact, mais il est aussi d'un emploi facile et d'une rare commodité, dans les épreuves délicates auxquelles la matière isolante des câbles est parfois soumise. Son adoption est pour ainsi dire générale maintenant, pour les épreuves électriques auxquelles les câbles sont soumis.

Nous avons déjà dit plus haut qu'on employait des dérivations lorsque la magnitude des courants à observer l'exigeait. On construit généralement ces bobines de manière à ce que, ajoutées à la résistance du galvanomètre, la somme des résistances ainsi jointes en arc multiple, représentent $\frac{1}{10}$, $\frac{1}{100}$, $\frac{1}{1000}$ ou même $\frac{1}{10000}$ de celle du galvanomètre seul; nous avons vu qu'il suffit alors de donner à chacune d'elles la valeur de $\frac{1}{9}$, $\frac{1}{99}$, $\frac{1}{999}$ ou $\frac{1}{9999}$ de la résistance de l'appareil.

Afin d'assurer aux épreuves la plus grande exactitude, il faut avoir soin de former ces bobines de fil assez gros, pour qu'elles ne puissent pas être échauffées par le courant, car il est important qu'elles restent à la même température que le fil du galvanomètre, afin que leurs valeurs proportionnelles soient toujours les mêmes.

On maintient le fil à éprouver sous l'eau pendant un temps suffisant à lui communiquer une température uniforme et connue (24° cent.).

Enfin, il est indispensable de maintenir tous les appareils et leurs points de contact dans le plus grand état de propreté, afin d'éviter les résistances qui pourraient en résulter, et aussi afin d'élaguer la perte qui pourrait résulter de la conduction par des surfaces malpropres; c'est pour ce motif que les extrémités du fil à l'épreuve sont souvent fraîchement coupées, et qu'on les enduit aussi parfois de paraffine après les avoir nettoyées avec de la térébenthine ou de l'essence de naphte immédiatement avant l'épreuve.

Grâce à toutes ces précautions, on pourra atteindre des résultats tolérablement uniformes, mais ils n'approcheront pas, comme exactitude, de ceux qui résultent de la mesure du conducteur. Comme cette exactitude dépend de celle de l'observation de la déviation, et que les degrés de l'échelle dépassent 250 divisions à droite et à gauche, la moindre erreur pourrait atteindre la proportion de 1 à 250; il est donc essentiel de bien ajuster le zéro du galvanomètre avant l'épreuve, afin de réduire cette erreur à son minimum.

Mesure de la résistance à la conduction par le parallélogramme ou pont de Wheatstone.

A mesure que la longueur du fil isolé augmente, la résistance à la conduction à travers l'isolement diminue, puisque le courant n'agit pas de même en tous les points de la masse; il y a, en effet, une augmentation continuelle de la surface de la matière pour conduire le courant, et la distance qui sépare le cuivre conducteur de l'eau reste constamment la même. On finit donc par avoir des longueurs donnant des résistances mesurables au moyen de la balance Wheatstone, et l'on voit que des corps dont les propriétés spécifiques diffèrent aussi énormément que le cuivre et la gutta-percha, peuvent néanmoins être comparées directement et au moyen de la même mesure.

Méthode de M. Siemens.

La méthode de mesure différentielle avait d'ailleurs été employée dès 1860, par M. Siemens, et voici comment il obtenait la résistance de l'isolement:

Une des deux bobines d'un galvanomètre différentiel était ajustée de façon à exercer 2,000 fois plus de force déflective sur l'aiguille aimantée que la seconde bobine; le câble et la

pile de mesurement étaient introduits dans le
circuit de l'hélice la plus grande, tandis qu'un
seul élément et une résistance variable formaient le circuit de l'hélice la plus petite de
l'instrument. La résistance de ce dernier circuit
était variable et s'ajustait de manière à ce que
les forces magnétiques des deux courants sur
l'aiguille, devenant égales et opposées, ramenas-
sent l'aiguille du galvanomètre au zéro.

La manipulation était simple, et le calcul nécessaire se réduisait à la simple multiplication
de la valeur de la résistance insérée dans le
circuit le plus court, par la constante de sensibilité de l'instrument et la relation des forces
électro-motrices. Cette méthode avait d'ailleurs
l'avantage d'être totalement indépendante du
magnétisme des aiguilles, et elle était aussi illi-
mitée que la méthode de déviation ordinaire (1).

Résistance spécifique de l'isolement.

La résistance spécifique peut se déduire,
comme celle du conducteur, de la résistance
d'une longueur connue; mais on se sert habituellement d'une définition différente, et l'on appelle résistance spécifique de l'isolement, celle
d'un cube de dimensions données, de la matière
formant l'isolement, électrisé sur ses deux faces
opposées.

L'équation suivante permet de calculer la résistance spécifique S d'un fil de dimensions don-

(1) Sabine et Schwendler, Journal de la Société des
Arts, octobre 1865.

nées, connaissant la valeur de la résistance R
d'une longueur L.

$$S = \frac{2\,\pi\,R\,L}{\mathrm{Log}\,\dfrac{D}{d}} \quad (1)$$

Ici $\log\dfrac{D}{d}$ est le logarithme du rapport du diamètre de l'isolateur à celui du conducteur, et
L est la longueur du fil dans la dimension
adoptée pour le cube.

Effets dus à l'électrification.

Il est important de limiter à un temps déterminé les épreuves de l'isolement, et on note en
général la déviation qui s'est produite, à la fin de
la première minute, au moyen d'un sablier;
quelques praticiens adaptent même cet appareil
à la clef qui établit le contact de la pile au câble,
afin que la période soit plus scrupuleusement
limitée. Et, en effet, si l'on continue l'observation
jusqu'à la fin de la seconde minute, on note une
diminution de la déviation indiquant un accroissement relatif de la résistance. Cet accroissement augmente encore après la troisième minute, et ainsi de suite.

Ce changement, que l'on appelle électrification, est dû, sans doute, à une absorption graduelle de la charge qui, loin de s'arrêter à la
surface, semble se répandre dans toute la masse,
jusqu'à ce qu'elle soit entièrement électrisée.

Toutes les substances isolantes sont sembla-

(1) Thomson, Encyclopedia Britannica.

blement affectées par ce phénomène, dont l'effet proportionnel est très sensible sur la mesure apparente de l'isolement, et d'autant plus grand que la matière isolante est plus épaisse ou moins bonne conductrice de l'électricité. Quoi qu'il en soit de cet effet, les causes qui le produisent sont mal définies, et comme il en résulte des inconvénients graves dans la mesure de la résistance à la conduction à travers l'isolement, on opère comme nous l'avons dit plus haut ; prenant en outre soin de décharger au préalable le câble de tout résidu de charge qu'il pourrait encore conserver des expériences précédentes.

La délicatesse extrême du galvanomètre Thomson signale immédiatement toute trace de courant provenant du câble, et l'on ne devra appliquer le courant de la pile qui doit servir à la mesure de la résistance qu'après s'être assuré que la matière isolante du câble est revenue à l'état de neutralité électrique indispensable à la stricte exactitude de la mesure à prendre.

On opère d'abord avec le courant négatif, puis avec le courant positif, faisant intervenir, entre les deux épreuves, un espace de temps assez considérable, durant lequel les deux extrémités du fil sont mises en contact avec la terre. La moyenne des deux observations indiquera alors d'une façon tolérablement exacte la résistance de l'isolement.

Effets dus à la température.

Les effets de l'élévation de la température sur l'isolement sont tout à fait différents de ceux qui se manifestent dans le conducteur. Tandis que dans ce dernier, l'échauffement du fil accroît la résistance, dans le premier, l'élévation de la température détermine une augmentation de conductibilité à travers les pores de la matière isolante, et par conséquent une diminution de la résistance. Cette différence s'explique sans doute par la nature constitutive si différente des matières dont le conducteur et l'isolement sont formés; l'effet est néanmoins très sensible, et la résistance spécifique de la gutta-percha est vingt fois plus grande à la température de la glace fondante qu'à 24° C. (1).

Les variations dues à cette cause sont très-uniformes, et l'observation, aussi bien que le calcul, ont permis d'établir la progression de diminution pour chaque degré de température.

MM. Bright et Clark ont publié un mémoire dans lequel ils donnent l'équation

$$R = r \times 0.8878^t$$

qui permet de calculer la résistance R d'un fil de gutta-percha à la température $T + t$ (en degrés centigrades), connaissant sa résistance r à T°. Le chiffre 0.8878 n'est pas tout à fait constant et semble varier entre ce nombre et 0,9. On trouvera à l'appendice une table de la résistance comparée de la gutta-percha et du caoutchouc Hooper à diverses températures. On remarquera, dans ces tables, certaines différences entre les résistances observées et celles qui se déduisent par le calcul de la formule ci-

(1) Cantor Lectures.

dessus. Mais, comme on peut le voir, ces différences ne sont pas tellement grandes, qu'elles ne puissent s'expliquer par quelque erreur très-minime de l'observation de la température ou de la déviation. On verra, en outre, que l'effet de la température est bien moindre sur le caoutchouc Hooper que sur la gutta-percha.

Effets de la pression.

La résistance de l'isolement de la gutta-percha augmente, suivant M. Siemens, dans la proportion suivante :

$$R = r \, (1 + 0.0000162 \, p)$$

où r est la résistance avant la pression, et p cette pression exprimée en kilogrammes par centimètre carré ; on l'a trouvée égale à 33 % par 100 kilogrammes par centimètre carré (1) dans les expériences faites sur le câble de Malte à Alexandrie, et 37 % dans celle du golfe Persique. Si l'on veut bien se rappeler que la pression correspondante aux plus grandes profondeurs, où sont déposés les câbles de l'Atlantique, est d'environ 375 kilos par centimètre carré, l'on verra que l'amélioration due à cette pression n'est pas à dédaigner. Elle semble même augmenter avec le temps et l'effet continu de la pression sur la matière isolante, et dès le mois de juin 1867, M. W. Smith constatait que l'isolement des câbles de l'Atlantique avait doublé. On a depuis vérifié une amélioration plus grande encore de la résistance de l'isolement dans ces câbles.

(1) Cantor Lectures.

II.—Epreuves électriques en mer.

Les épreuves faites durant la construction des câbles ont surtout pour objet de s'assurer de la parfaite condition du câble avant la pose, et de n'admettre à l'usage que des matériaux ayant la plus grande pureté possible. Un cahier des charges spécifie généralement la qualité de ces matériaux, et l'on prend tout le soin et la peine nécessaires pour que les clauses de ce contrat soient fidèlement remplies ; du reste, les épreuves que nous avons déjà décrites, quoiqu'elles ne soient pas les seules auxquelles les câbles sont soumis, suffiraient déjà à remplir le but que l'on se propose, et il est rare que des fautes originelles se soient glissées dans des fils ayant subi les recherches minutieuses dont il a été question.

Les épreuves électriques que l'on fait à la mer ne doivent évidemment pas avoir le même but. Bien que le fil, arrivé à bord, soit généralement dans de parfaites conditions de conductibilité et d'isolement avant la pose, il peut se produire, par suite de cette opération ou par tout autre effet accidentel, des fautes dont il est important de déterminer immédiatement la nature et la cause, aussi bien que la position. Ces fautes ne peuvent, évidemment, être qu'une solution de continuité ou une perte de l'isolement, et les épreuves déjà décrites sont par conséquent applicables à la recherche de ces fautes. Mais la forme ordinaire de galvanomètre ne peut servir à la mer, précisément à cause de sa grande délicatesse.

Galvanomètre marin.

Le professeur Thomson a donc été amené à en modifier la forme. Cet appareil (*fig.* 11, Pl. i), connu sous le nom de galvanomètre marin, diffère de celui que nous avons décrit plus haut, en ce que l'aimant et le miroir sont fixés, en bas comme en haut, par un fil de soie sans torsion. On balance l'aimant assez parfaitement pour que sa position soit constamment la même, relativement au cadre et aux bobines, quelle que soit l'inclinaison du navire. Un aimant puissant, ayant une position fixe par rapport au cadre de suspension et aux bobines, dirige l'aimant et contrarie l'influence de la terre, dont cet aimant est d'ailleurs protégé par la caisse de l'appareil, qui est formée d'une épaisse enveloppe circulaire et métallique, entourant entièrement les bobines. Un vitrage permet à la lumière d'une lampe de venir se refléter sur le miroir, qui la renvoie sur une échelle graduée. Cet appareil n'est nullement affecté par les mouvements de roulis et de tangage du vaisseau, et il est même complétement indépendant de la marche, puisqu'il est rendu tout à fait astatique par l'aimant fixe et les masses de fer qui l'entourent.

Système des épreuves faites à bord.

On peut donc, au moyen de cet appareil, opérer à bord dans des conditions d'exactitude très grandes. Nous avons maintenant à examiner le système adopté pour assurer la découverte immédiate d'une solution de continuité dans le cuivre ou d'une perte de l'isolement.

10.

passer à la mer, pendant les 40 minutes qui sépa-
raient les deux épreuves consécutives de l'isolement, et c'est par suite de cette crainte que des
praticiens ont souvent préféré se passer de l'assistance pourtant si utile de la côte, afin de maintenir constamment isolée l'extrémité du câble
laissée à terre. Dans ces conditions, on pouvait
constater d'une manière permanente la valeur de
l'isolement, et on pouvait même vérifier jusqu'à
un certain point la continuité, puisqu'une rupture
du cuivre, à l'intérieur de l'isolement, aurait produit une diminution sensible de la déviation du
galvanomètre, à cause de la section moins longue
de câble soumise à l'influence de l'épreuve, et
qu'une rupture du câble, entraînant la perte complète du courant à la mer, se serait manifestée
d'une manière plus évidente encore.

Il y avait évidemment, dans ce plan, une
lacune regrettable, résultant de la privation de
l'assistance de la terre, où les observations sont
plus faciles et soumises à moins de variations
qu'à bord, et c'est pour la combler que M. W. Smith
a devisé le système d'épreuves continues qui
fut employé, pour la première fois, en 1866,
pendant la pose des câbles de l'Atlantique.

*Système d'épreuve et de correspondance simultanées et
continues de M. Willoughby Smith.*

Voici sur quel principe ce système est basé :
A bord du *Great-Eastern* se trouvait une pile B
(*fig.* 15, Pl. i) dont la tension pouvait être augmentée ou diminuée à volonté, au moyen du mouvement de la clef K. Un des pôles de cette pile

communiquait avec la mer, tandis que l'autre aboutissait à un des boutons d'un galvanomètre marin, G, dont l'autre bouton était en contact permanent avec le câble. En sorte que si le câble était isolé à la côte, il devait constamment rester chargé à la tension de la pile B, et la seule déviation produite sur le galvanomètre G, après l'effet de la charge, ne pouvait résulter que de la conduction à travers l'enveloppe isolante. Toute perte anormale, dans l'isolement du câble, se serait immédiatement manifestée par la disparition soudaine du rayon de lumière projeté sur l'échelle graduée servant de champ d'observation.

Jusqu'ici il n'y a aucune nouveauté apportée à la méthode ordinaire de l'épreuve de l'isolement.

Un second galvanomètre Thomson G_1 était placé à terre à l'autre extrémité du câble ; un de ses boutons était en communication avec le sol, tandis que l'autre bouton était en contact avec le câble, après avoir traversé une énorme résistance R de 2 à 300 millions d'ohms, ce qui permettait à un courant très-faible, mais cependant perceptible sur le galvanommètre très-sensible de Thomson, d'indiquer l'écoulement du courant partant du navire. Ce courant donnait aux deux aiguilles des galvanomètres, du bord et de la côte, une déviation définie, et si elle venait à varier à terre, elle devait varier aussi à bord, indiquant immédiatement aux deux extrémités l'avénement d'une faute. Dans ce cas, cette variation devrait, d'ailleurs, différer à bord et à terre, puisque la déviation du galvanomètre du navire augmenterait, tandis qu'à terre elle s'amoindrirait ou pourrait même devenir nulle.

Si de la station de terre on désirait communiquer avec le navire, il suffisait d'appuyer sur la clef K_1, sans rien toucher aux autres connexions ; on établissait ainsi une communication à la terre, par laquelle s'écoulait le courant du navire, en traversant une résistance R_1, moindre que R, mais définie et ajustée de telle sorte que l'amplitude des déviations produites à bord démontraient de suite, aussi bien que la régularité des signaux ainsi produits, que cette déviation n'était pas le résultat d'une faute.

Si, au contraire, le navire désirait communiquer avec la terre, il n'avait qu'à augmenter ou diminuer la tension de sa pile B par l'action de la clef K, ce qui produisait des déviations que la terre pouvait lire et observer sur le galvanomètre G_1. Le câble restait constamment chargé à sa tension extrême, parce que la pile lui fournissait son électricité bien plus rapidement que la perte factice en R ne pouvait la décharger, et toute altération de cette charge, quelle qu'en fût la cause (faute de l'isolement ou solution de continuité), était immédiatement rendue évidente aux deux extrémites du câble par un changement de la déviation normale des deux galvanomètres. La nature de cette altération montrait immédiatement à chacun des observateurs si elle était produite par des transmissions, ou si l'on avait à rechercher une faute.

Cette méthode permettait donc la constation

immédiate d'une faute dès l'origine, et ce résultat est d'autant plus important, que les fautes se produisent généralement à bord, soit dans la couche supérieure du câble dans les réservoirs, soit dans le passage du câble, de la cale à la mer, à travers les machines de pose.

III.—Mesure de la résistance dans les fils très courts ou les câbles très longs.

Lorsqu'il s'agit d'éprouver des longueurs de fil très-courtes, il devient impossible d'observer, par la méthode ordinaire, le passage du courant qui se produit par les pores de l'isolement ; en effet, les piles les plus fortes et les galvanomètres les plus délicats ne fournissent aucune indication de cette fuite.

Dans les câbles très longs, au contraire, la capacité électrique est si grande, que la plus légère variation de la tension de la pile ou de la terre détermine, en dedans ou en dehors du câble, un flux d'électricité si considérable, qu'il est rare d'obtenir des mesures exactes au moyen du galvanomètre. L'électrification a, d'ailleurs, une très-grande influence sur le résultat.

Dans les deux cas, au lieu de mesurer la résistance par l'effet de la conduction à travers l'isolement produit par l'observation directe du courant, on opère par voie d'induction, c'est-à-dire en chargeant le fil à la tension de la pile avec laquelle on le met en communication, et en observant le temps nécessaire pour que cette tension descende à la moitié de sa valeur primitive, par suite de la déperdition graduelle qu'elle éprouve à travers l'isolement.

Cette méthode de mesurement est la seule qui permette d'opérer sur les fils très courts, et elle donne des résultats bien plus exacts que le système décrit plus haut pour la mesure des câbles de grande longueur.

Electromètres.

La chute graduelle de la charge peut s'observer au moyen d'un électromètre, dont la forme la plus simple est l'électroscope à feuilles d'or, où l'écartement des feuilles augmente avec l'intensité de la charge électrique.

Electromètre Peltier.

Mais on ne s'en tient pas à des appareils de ce genre, et pour obtenir des indications plus exactes, on emploie souvent l'électromètre de Peltier (*fig*. 13, Pl. i). Dans cet instrument, la force directrice exercée par la terre sur un petit aimant, est substituée à la torsion du fil métallique de la balance de Coulomb.

Cet aimant est placé à angle droit, avec un long fil de cuivre qui se meut librement sur un pivot, comme l'aiguille aimantée d'une boussole.

Une barre cylindrique en cuivre, et terminée par une boule du même métal, traverse la partie supérieure du globe en verre de l'instrument, et vient se cimenter à la base, dans un disque d'ébonite.

La barre se divise en un anneau, assez large pour permettre à l'aiguille indicatrice de se mouvoir librement. Cet anneau supporte deux bras métalliques contre lesquels l'indicateur peut venir se saturer d'électricité.

Pour utiliser cet appareil, il faut le placer de telle sorte que, lorsque la petite aiguille aimantée se trouve dans le méridien magnétique, l'indicateur soit en contact avec les deux bras de l'anneau et marque par conséquent zéro.

En communiquant une charge d'électricité à la boule métallique, cette charge se répand sur toute la portion isolée de l'instrument et sur l'aiguille mobile, qui est immédiatement repoussée par les bras de l'anneau. La déviation angulaire indiquée par les divisions de l'instrument donne les moyens d'estimer la force de la charge sous laquelle cette répulsion s'est opérée.

Les appareils de ce genre sont isolés avec le plus grand soin, et pour y parvenir , on cimente la partie métallique de l'instrument à la base d'ébonite qui la supporte, au moyen de gomme laque dissoute dans de la térébenthine de Venise.

Ils peuvent retenir leur charge très longtemps, si l'on a soin de maintenir leur atmosphère parfaitement desséchée, en plaçant à l'intérieur une coupelle remplie de morceaux de pierre-ponce saturée d'acide sulfurique. Le fil isolé est chargé en mettant son conducteur en communication avec la pile, et en ayant soin de le maintenir plongé dans un vase plein d'eau et en communication avec la terre ; puis la charge reçue par le fil est transmise à l'électromètre dont l'aiguille, repoussée par la boule de cuivre placée au-dessus du zéro, marque en degrés la déviation due à cette décharge. La chute graduelle qui s'opère s'observe également en degrés, et lorsqu'elle a atteint la moitié de la déviation primitive, on note le temps employé à cette chute, pour l'introduire dans le calcul de la résistance du diélectrique.

Mais l'électromètre de Peltier lui-même exige une grande tension avant de donner des indications, et celles qu'il donne ne sont même pas proportionnelles aux effets de la tension ; en outre, on éprouve de grandes difficultés à y maintenir la charge, car cet instrument perd, en peu de temps, les propriétés qu'il reçoit du corps mis en contact avec lui.

Electromètre Thomson.

Pour remédier à ces défauts, Sir William Thomson a imaginé un électromètre que nous allons décrire et qui est probablement le mieux adapté à la mesure exacte des résistances de l'isolement. Il est construit sur le principe de la balance de Coulomb. Une très-légère aiguille d'aluminium $a\,b$, aplatie (1), et balancée par un contrepoids, est suspendue par un fil de platine très-fin, fixé à la face intérieure d'une bouteille de Leyde J. Sous l'aiguille, deux moitiés d'un anneau plat L et M, sont disposées de manière que l'aiguille d'aluminium soit dirigée dans le sens de leur division, lorsqu'elle est au repos (*fig.* 14, Pl. i). L'ensemble de cet appareil est placé sous une cage en métal.

(1) Cantor Lectures.

Supposons que l'aiguille *a b* ne soit pas chargée ; alors, si M est mis en contact avec la terre T, tandis que L est mis en communication avec le corps électrisé, l'aiguille tournera légèrement vers L, que l'électricité de *x* soit positive ou négative.

Si maintenant nous chargeons la bouteille de Leyde d'électricité négative, l'aiguille prendra la même tension que la partie intérieure avec laquelle elle est en contact, et sera alors attirée plus fortement vers L, si l'électricité de *x* est positive, ou bien sera fortement repoussée vers M, si *x* est électrisé négativement.

Si *x* perd son électricité et reprend la tension de la terre, l'aiguille *a b* retournera à sa position ordinaire entre L et M, puisqu'elle sera également attirée par ces deux corps. La bouteille de Leyde fournit une source considérable d'électricité à l'aiguille, de façon à éviter les conséquences de la perte qui nuirait au succès de l'épreuve. Une perte d'une unité d'électricité par minute sera sans conséquence, si la quantité accumulée dans la bouteille de Leyde est mille fois plus grande ; mais si la charge n'était que une ou deux unités, comme il arriverait avec l'aiguille seule , cette perte serait fatale à l'épreuve. Les déviations de l'aiguille seront d'ailleurs d'autant plus grandes , et l'appareil d'autant plus sensible, que la tension de la charge dans la bouteille de Leyde sera plus élevée; mais les indications ne seront constantes qu'autant que cette charge restera uniforme.

Dans l'appareil tel qu'il a été construit par Sir

William Thomson, les déviations de l'aiguille sont indiquées par la réflexion d'un rayon de lumière renvoyé par un petit miroir fixé à l'aiguille ; cette réflexion se projette sur une échelle graduée, comme dans le galvanomètre à miroir. La bouteille de Leyde est placée dans une atmosphère desséchée par de l'acide sulfurique et peut contenir une charge sensiblement constante pendant plusieurs jours. Enfin, la caisse métallique qui enveloppe l'appareil, le garantit des corps électrisés placés au dehors. Les déviations, ayant un angle très-petit, sont proportionnelles aux tensions des corps éprouvés et mis en communication avec L, tandis que M reste en contact permanent avec la terre.

On peut, avec cet appareil, comparer facilement et avec la plus grande exactitude le temps qu'emploie le conducteur d'un câble, ou d'un morceau de fil plongé dans l'eau, à descendre de sa tension primitive à la moitié ou à tout autre fraction de cette tension, et le temps ainsi occupé est la mesure relative de la résistance d'isolement de l'enveloppe du câble.

Une forte tension n'est pas nécessaire, et l'épreuve de l'isolement, au moyen de cet appareil, est une preuve directe de l'identité de l'électricité obtenue par friction et de celle produite par une pile voltaïque. On peut donc charger le câble, pour cette épreuve, soit au moyen d'un électrophore ou d'une machine électrique, soit par un contact d'un instant avec une pile de 50 à 100 éléments.

La formule suivante donne le moyen de calculer, en ohms, la résistance de l'isolement lorsque la tension P, au commencement de l'épreuve, et p à la fin du temps t, en secondes, sont connues :

$$R = \left(\frac{0.4343\,t}{S\,\mathrm{Log}\,\dfrac{P}{p}} \right) 10^6$$

Cette formule devient

$$R = \left(\frac{1.443\,t}{S} \right) 10^6$$

lorsque la tension P est réduite de moitié au bout du temps t.

Dans cette équation, S représente la capacité du câble, et nous aurons à expliquer le sens et le mesurement de cette valeur.

Le câble Atlantique perd la moitié de sa charge en 66 minutes 41 secondes, et les fils isolés avec du caoutchouc Hooper se comportent encore mieux à cet égard, ce qui indique l'excellence de l'isolement au moyen de ce diélectrique. (*Voir à l'appendice.*)

Mesure de la capacité des câbles.

La charge que reçoit un fil isolé, lorsqu'on le met en contact avec une pile dont un des pôles communique avec la terre, est en réalité une quantité définie d'électricité. Si deux fils chargés avec la même pile, produisent des courants égaux, lorsqu'on les décharge à la terre, à travers un galvanomètre, on pourra en conclure que tous deux contiennent des charges égales, et par conséquent que leur capacité est la même. Un fil isolé se comporte en cela comme une

11.

bouteille de Leyde, le cuivre jouant le rôle de
la surface intérieure, et l'eau qui l'entoure
celui de la couche extérieure non isolée. L'isolement tient lieu du verre, et c'est par ce diélectrique que s'opère l'induction. Seulement, dans
les câbles, la surface intérieure de cette bouteille
de Leyde étant très grande et l'épaisseur du
diélectrique très-faible, la capacité d'une certaine longueur de fil produit des phénomènes de
charge et de décharge assez intenses pour qu'on
puisse les observer sur un galvanomètre ordinaire. On a même constaté que la décharge
d'un mètre de fil isolé pouvait se manifester sur
un galvanomètre très sensible, si la charge était
de 100 éléments.

On pourra donc observer, sur un galvanomètre,
le temps employé par un câble pour descendre
de la tension P que lui communique la pile, à
une tension moindre p, observée au bout du
temps t; alors le temps nécessaire pour que la
charge du câble tombe de 100 à 50 ou de 1 à $\frac{1}{2}$
sera

$$t \times \frac{0.30103}{\mathrm{Log}\, \frac{P}{p}} = n\, t\ (1)$$

où n exprime le nombre de fois t qu'il faudrait
au câble pour tomber de P à $\frac{P}{2}$.

On procède ordinairement à la mesure de la
charge ou de la décharge, au moyen de l'arrangement suivant (*fig.* 16, Pl. I). Deux clefs, K et

(1) Varley, Submarine Report.

K_1, communiquent conjointement, par leurs extrémités c et c', avec le câble, dont l'extrémité est isolée, et dont l'enveloppe isolante baigne dans l'eau. Les piliers b et b' communiquent aux deux boutons d'un galvanomètre ; a et a' peuvent être mis en contact avec la pile et la terre respectivement, en abaissant l'une ou l'autre des deux clefs. Si l'on désire charger le câble, on abaisse la clef K, et le courant, partant de la pile, suivra $a\ b\ b'\ c'$ et le câble, qui se mettra à la tension de la pile ; en laissant retomber la clef au repos, la charge restera pour ainsi dire renfermée dans le câble, et ne pourra se disperser que par ses pores. Au bout du temps fixé, on déchargera le câble en faisant communiquer la clef K_1 avec la terre, en l'abaissant sur a', alors la décharge s'opérera du câble à la terre et à travers le galvanomètre, en suivant $c\ b\ b'\ a'$. De la sorte, les déviations du galvanomètre s'opéreront toujours dans le même sens, tant pour la charge que pour la décharge, et la mesure de comparaison de ces deux quantités n'en sera que plus exacte.

Dans un câble bien isolé, la charge et la décharge instantanée sont égales ; si donc, on observe qu'il en est autrement, ce sera un indice certain que l'isolement est fautif. Les déviations dues au transport de la charge à travers le galvanomètre sont d'ailleurs bien plus grandes que celles qui proviennent de la perte ; on doit donc se servir, pour cette mesure, de galvanomètres ordinaires, ou bien prendre les précautions nécessaires pour que les effets de la charge ne traversent pas le galvanomètre Thomson, dont la sensibilité en serait altérée. C'est pour cela que dans la figure 7 on a établi, en avant de l'appareil, un court circuit O, que l'on supprime aussitôt que l'effet de la charge est complet. Les galvanomètres trop sensibles peuvent, d'ailleurs, être amoindris au moyen d'une déviation telle que S (*fig.* 17, Pl. I).

Comparaison de la charge à une unité déterminée.

L'impulsion de l'aiguille aimantée, sous l'influence de la charge, étant proportionnée à la grandeur de cette charge, les déviations ainsi obtenues peuvent, par comparaison, servir à la mesure relative de la capacité des câbles ; on choisit pour cela une unité arbitraire, qui est généralement une longueur de un mille marin du fil en construction, ou bien encore une bouteille de Leyde, ou condensateur, de contenance déterminée.

Cette forme compacte de la bouteille de Leyde offre une très-large surface métallique exposée à une action inductrice. On construit généralement les condensateurs au moyen d'une succession de couches alternées de feuilles d'étain et de couches très-minces de mica, de gutta-percha, de caoutchouc, ou mieux encore de papier enduit de paraffine, que l'on dispose en séries et de façon que la série extérieure soit en communication avec la terre, tandis que la série intérieure est mise en contact avec la pile ou le fil éprouvé.

En variant les dimensions et le nombre des couches, et à l'aide de la connaissance des qualités du diélectrique employé, on peut construire des condensateurs de toute dimension. M. Varley en a ajusté une série qui représente, en capacité, la longueur totale d'un des câbles de l'Atlantique.

On mesurera donc la décharge obtenue d'un condensateur (*fig.* 17), où les feuilles ombrées reçoivent la charge, puis on chargera le câble que l'on veut mesurer avec la même pile et en ajustant une dérivation S qui permette de reproduire la déviation ou jet de l'aiguille obtenu avec le condensateur. Si cette dérivation offre une résistance telle que le courant, passant à travers S, est cent fois moindre que celui qui provenait du condensateur, on en conclura que la capacité du câble est 100 fois celle du condensateur. Sur un galvanomètre Thomson, on peut considérer les déviations provenant de la charge comme étant proportionnelles aux capacités, sur tout autre appareil des sinus, les capacités sont proportionnelles aux sinus de la moitié des angles observés (1).

Pour comparer directement les capacités, M. de Sauty plaçait le câble dans la branche C du pont de Wheatstone, et le condensateur unité en D (*fig.* 4, Pl. i). Les branches A et B étaient des résistances variables que l'on pouvait ajuster jusqu'à ce que le galvanomètre restât immobile sous l'effet de la charge. Dans ce cas, on avait $\frac{A}{B} = \frac{C}{D}$ et si D était un condensateur représentant en capacité la longueur d'un mille du câble, la proportion $\frac{A}{B}$ indiquait exactement la longueur de câble en circuit.

(1) Cantor Lectures.

On voit de quelle utilité peut être cette épreuve pour déterminer le point de rupture du cuivre à l'intérieur de l'isolement.

D'autres méthodes ont été employées, qui reposent également sur l'effet relatif de deux décharges traversant en sens inverse les deux bobines d'un galvanomètre différentiel ; mais elles n'offrent pas un avantage marqué sur celles que nous avons décrites plus haut.

Si l'unité est arbitrairement choisie par divers opérateurs, elle ne permet pas une comparaison directe des divers résultats obtenus (1) ; le comité de l'Association britannique chargé de la révision des étalons électriques, n'a pas encore établi un condensateur étalon, basé sur le système de mesures absolues, qui a servi de fondement à l'unité de résistance désignée sous le nom d'ohm ou ohmad, mais on espère que cette unité sera prochainement fixée.

En attendant, M. Jenkin a donné une formule qui permet la comparaison des résultats obtenus par des observateurs différents, alors même que leurs galvanomètres ne seraient pas comparés, et que les condensateurs n'auraient pas des capacités relatives connues.

Soit S, la capacité d'un conducteur ;

     t, la moitié du temps nécessaire à une oscillation complète de l'aiguille du galvanomètre sous l'influence du magnétisme terrestre seul ;

(1) Le mille de câble du golfe Persique est généralement adopté comme terme de comparaison.

i, l'angle de la déviation obtenue par l'influence de la charge;

R_1, la résistance en ohmads du circuit à travers lequel la pile chargeant le câble, produirait l'unité de déviation sur le galvanomètre;

(Sur une boussole des sinus, cette unité est 90°; elle est de 45° sur une boussole des tangentes, et d'une division sur le galvanomètre à réflexion de Thomson); alors

$$S = 2\,\frac{t \sin \frac{1}{2} i}{\pi\, R_1}$$

Comme il n'est pas toujours facile d'opérer rigoureusement la mesure de *t*, cette formule devient plus exacte si la quantité *t* est observée un certain nombre de fois; dans ce cas, l'on prend la moyenne de toutes ces observations pour valeur de *t*.

Epreuves des jointures des fils isolés

Lorsqu'il s'agit d'éprouver la jointure qui unit un morceau de fil de câble à un autre, on pourrait se contenter de la placer dans l'eau et d'éprouver cette portion du fil par la méthode de perte ordinaire, en tenant compte de la déviation que devra nécessairement produire la longueur du fil en circuit; mais la perte qui a lieu sur une longueur aussi petite que l'est une jointure, ne serait pas appréciable sur le galvanomètre le plus sensible, et se confondrait avec la déviation provenant de la perte du restant du fil.

On emploie maintenant exclusivement la méthode d'accumulation due à M. Latimer Clark, et cette mesure, employée depuis 1863, donne des résultats rigoureusement exacts.

Une auge en gutta-percha, contenant de l'eau, reçoit le fil jointé que l'on veut éprouver, et une plaque en métal, dont un fil conducteur amène l'extrémité (*fig.* 18, Pl. i) à la clef M, qui communique par le point p et son centre, avec la série intérieure d'un condensateur. Le fil du câble, isolé à une de ses extrémités, communique par l'autre, avec une pile de 200 éléments dont le circuit s'établit au moyen de Q. La perte qui se produit par le joint dans l'auge est trop faible pour pouvoir être appréciée immédiatement ; mais si on la laisse se produire pendant une ou deux minutes, elle sera graduellement emmagasinée ou absorbée par le condensateur, et il suffira, au bout de ce temps, de décharger le condensateur à la terre par le galvanomètre G, en appuyant sur la clef en o, pour juger si la déviation obtenue est normale ou non. En comparant cette déviation à celle que produirait une longueur de fil normal de gutta-percha, égale à celle du joint, on jugera de suite si l'on peut ou non l'accepter.

Les jointures des câbles du golfe Persique et de l'Atlantique ont toutes été éprouvées de la sorte, et l'on a remarqué qu'elles étaient toujours aussi bonnes que le fil ordinaire lorsqu'elles avaient été faites par un temps sec ; tandis que celles faites par un temps humide étaient dans de moins bonnes conditions d'isolement.

Objet principal des épreuves de l'induction.

La charge absorbée par les câbles permet, par la comparaison de leurs capacités, l'investigation des lois de la vitesse des transmissions. Le professeur Thomson a publié, sur ce sujet, divers mémoires qui établissent que le temps nécessaire à la charge, et la vitesse des transmissions, ne sont pas influencés par les variations de la pile, et qu'en outre, dans les câbles de même nature et de mêmes dimensions, si les longueurs varient, les vitesses seront inversement proportionnelles aux carrés des longueurs respectives. En effet, lorsque la longueur est doublée, la capacité du câble double de même; le flux de charge et le reflux de décharge doivent aussi traverser une distance double, en sorte que la retardation est quadruplée. Dans les câbles de mêmes matières et de même longueur, mais dont le conducteur est d'un diamètre différent et où l'épaisseur de l'isolement est dissemblable, la charge prise par les deux fils serait inversement proportionnel au $\log\frac{D}{d}$, où D indique le diamètre de la gutta-percha et d celui du conducteur.

Il y a donc une proportion qui donne le résultat le plus élevé que l'on puisse atteindre, et Sir William Thomson a démontré, par une théorie mathématique, que ce résultat devrait être obtenu lorsque D, le diamètre du diélectrique ou de l'isolement est à celui du conducteur dans le rapport de $\frac{D}{1.649}$, où le dénominateur représente la racine carrée de la base du système de logarithmes népiériens.

Pratiquement, l'isolement ainsi obtenu serait trop mince pour n'être pas facilement endommagé; il faut, en conséquence, diminuer le diamètre du conducteur, afin d'accroître d'autant celui de l'isolement, et si tous deux ne peuvent être augmentés dans des proportions convenables, il vaut mieux augmenter le conducteur que l'isolement. De là aussi la supériorité du cuivre très pur, qui a les avantages d'un gros conducteur sans ses inconvénients.

La plus grande épaisseur proportionnellé du conducteur se rencontre dans le câble d'Alexandrie, où le rapport de $\frac{D}{d} = 2.97$. Ce seront là les dimensions de l'âme du câble transatlantique français; les câbles de Terre-Neuve ont une âme où le rapport $\frac{D}{d} = 3.39$. Le rapport 3.40 (1) semble avoir été celui que l'on a suivi le plus volontiers jusqu'ici.

La capacité des câbles varie avec la matière isolante employée ; ainsi, la charge d'un mille du câble du golfe Persique, isolé au moyen de gutta-percha, est de 35 0/0 plus grande que celle absorbée par un mille de câble des mêmes dimensions, isolé au moyen de caoutchouc Hooper. Elle est d'ailleurs quatre fois plus grande qu'elle

____

(1) M. Preece indique $\frac{10}{\sqrt{10}}$ ou 3.16 comme la meilleure valeur pratique à donner à $\frac{D}{d}$.

ne le serait si l'on pouvait trouver un isolement égal à celui de l'air sec (1).

Capacité inductive spécifique.

Faraday a donné le nom de capacité inductive à cette variation qui affecte la quantité de la charge dans diverses matières. On prend généralement pour unité la charge qui serait induite sur un fil isolé par l'air, et la proportion de charge obtenue par comparaison, sur des fils isolés autrement, donne la valeur de la *capacité inductive spécifique* de ces matières isolantes.

IV. — Fautes qui peuvent se présenter dans les câbles et méthodes de recherches.

Il y a deux classes principales de fautes qui peuvent affecter un câble.

1° Celles qui amènent une cessation complète des communications ;

2° Celles qui, tout en affectant le câble de manière à l'endommager graduellement, jusqu'à ce qu'il cesse de fonctionner, permettent toutefois des communications régulières pendant un temps assez long après la déclaration de la faute.

Dans le premier cas, on peut mettre tout en œuvre pour découvrir immédiatement la cause et le lieu du point fautif ; dans le second, on doit ménager l'emploi de la pile de manière à ne pas empirer trop vite la perte qui s'est produite.

Voici quelles sont les genres que l'on peut classer dans la première catégorie :

(1) Cantor Lectures.

A. Une solution de continuité du conducteur à l'intérieur de l'isolement;

B. Une rupture du câble amenant une solution de continuité, et en même temps une perte complète du courant, par suite de l'exposition d'une longueur sensible du cuivre à l'effet de l'eau ;

C. Une faute semblable, dans laquelle le cuivre du fil rentrerait dans la matière isolante ou bien encore n'exposerait qu'une faible surface à l'action de l'eau.

Dans la seconde catégorie, on peut admettre les deux cas suivants :

D. Un contact de deux fils dans un câble à plusieurs conducteurs, ou un contact du fil conducteur avec l'armature extérieure par suite de la décentration du fil de cuivre ou de toute autre cause.

E. Un trou fissure ou imperfection de la matière isolante établissant avec la mer une communication offrant une très grande résistance.

Solution de continuité.

Sa position peut être déterminée de deux manières. D'abord, par la comparaison de la capacité du câble complet à celle que l'on constate dans ces nouvelles conditions.

Dans cette opération, il suffira aussi de comparer simplement la déviation produite par la charge absorbée par le câble à celle que donne la charge d'un mille du même fil, ou d'un condensateur construit de façon à représenter la valeur d'un mille du câble.

Une autre épreuve consiste à mesurer la valeur de l'isolement par la perte que subit la matière isolante sur la longueur du fil. L'effet s'arrête évidemment au point de rupture du conducteur, et le calcul de la résistance de la perte ainsi produite, pourra se comparer au résultat moyen obtenu sur un mille et donner la distance de la faute.

Ces deux méthodes peuvent se contrôler l'une par l'autre.

L'emploi du toron a surtout pour but d'obvier à des fautes de ce genre, qui, du reste, se produisent rarement. Nous avons néanmoins cité déjà le cas du câble de Bonifacio, dont les six fils étaient rompus au même point et à l'intérieur de la gutta-percha, qui avait résisté. Le câble de Fao à Bushire, dans le golfe Persique, eut son conducteur brisé de la même manière, et dans les deux cas, le lieu de la faute put être précisé avec une approximation de moins de cent mètres.

Rupture du cuivre et de la gutta-percha.

Supposons d'abord le cas C. Si le cuivre est à peu près isolé, par suite de la contraction de la gutta-percha après la rupture, la méthode des capacités pourra être appliquée à la recherche de la distance de la faute.

Si le cuivre n'était pas parfaitement isolé, il serait possible de cacheter le fil, pour ainsi dire, en envoyant un courant positif de 50 à 100 éléments pendant vingt-quatre heures.

Le chlorure, déposé sur le fil par l'action

chimique ainsi produite, serait suffisant, dans ce cas, à déterminer l'isolement nécessaire à la comparaison de la capacité du câble à celle d'un étalon.

Dans le cas B, le fil présentant une surface de contact assez considérable, établit avec la terre une communication sans aucune résistance (1), qui permet la mesure directe du conducteur cuivre au moyen du pont de Wheatstone. Ce genre d'épreuve permit de constater que le premier câble de l'Atlantique, perdu en 1865, se maintint en bon état jusqu'au jour où il fut relevé et réparé.

Pertes à travers une fissure, un trou ou imperfection de l'isolement.

C'est le cas E, où la résistance de la faute devient un obstacle sérieux à la détermination de la distance où elle se trouve. Cette résistance est parfois plus grande que celle du conducteur du câble entier, et la méthode ci-dessus donnerait, dans son application, un résultat inexact. En outre, comme la résistance de la faute est variable, elle est difficile à mesurer ou même à apprécier.

Si cette faute est assez grave pour inter-

(1) Une faute de ce genre, constatée sur l'ancien câble d'Alexandrie, n'empêcha pas les communications par le câble, au moyen du galvanomètre Thompson. Lorsque le câble fût relevé, on s'assura que le cuivre était presque entièrement rongé, et cependant les communications, impossibles avec tout autre instrument, avaient pu être maintenues jusqu'au bout avec le merveilleux galvanomètre à miroir.

rompre les communications, on peut la forcer au moyen d'une pile énergique dont on varie d'heure en heure la direction ; mais quoique ce moyen réussisse parfois à déterminer un bon contact avec la terre, la faute, par sa nature même, continue à offrir une résistance très forte due à la polarisation résultant de la faible surface de cuivre exposée.

On peut juger de la surface de cuivre, ainsi mise en contact avec la mer, par l'épreuve suivante :

Si, après avoir appliqué un courant négatif pendant cinq minutes, le courant venant du câble décroît rapidement, la proportion de fil mis à nu est très courte et la résistance de la faute très grande. Si, au contraire, ce courant reste constant et sans grandes variations, la surface de cuivre exposée est assez considérable et la résistance de la faute assez petite.

Dans un câble à plusieurs fils, on peut venir à bout de cette résistance variable, si la faute s'est produite dans un seul fil et que les autres se soient maintenus en bon état. On forme alors un circuit métallique complet dont on tient les deux extrémités, et il devient ainsi possible de déterminer exactement la faute par une des deux méthodes suivantes :

Supposons un galvanomètre différentiel G (*fig.* 19, Pl. II), et admettons que la faute soit en F et que nous puissions disposer dans le câble d'un second fil en bon état. Nous ferons joindre le fil fautif au bon fil à la station B, et, au moyen d'une pile assez forte, nous rechercherons le moment où un courant égal passe dans les portions ABF et OF du circuit métallique.

Il n'en sera ainsi que dans le cas où la résistance entre le galvanomètre et la faute sera la même par les deux routes, et cette condition sera aisément remplie par l'addition d'une résistance convenable R, entre le galvanomètre et le fil fautif. Si l'on connaît, ou si l'on a préalablement mesuré la résistance du circuit métallique dont les deux extrémités aboutissent à la station A, et que cette résistance soit R', la distance OF, ou plutôt la résistance r de cette longueur de fil, sera évidemment

$$r = \frac{R' - R}{2}$$

Il va de soi qu'au lieu d'employer un galvanomètre différentiel, on peut disposer le pont de Wheatstone de façon à remplacer les deux bobines semblables du galvanomètre par deux résistances égales.

Un autre arrangement du pont de Wheatstone qui fut appliqué, pour la première fois, à bord du *Niagara*, lors de la première expédition télégraphique dans l'Atlantique, permet de découvrir des fautes à très grande résistance sur de petites longueurs de fil. Cette méthode s'emploie surtout dans les manufactures, où l'on dispose toujours des extrémités du conducteur d'un câble à un seul conducteur.

Supposons que, dans la *fig.* 20, Pl. II, la faute à rechercher soit au point F, le fil fautif forme partie de la balance, et nous aurons à ajuster R et r de façon à ce que les sections a et b du câble soient exactement contrebalancées dans leurs résistances respectives. Alors $\frac{a}{b} = \frac{R}{r}$ et si l'on connaît la valeur de $a + b$, et que l'on appelle L cette longueur, il sera facile de connaître aussi la longueur exacte de a ou de b.

En effet, soit $a + b = c$, et $\frac{a}{b} = d$ nous savons que $d = \frac{R}{r}$, et d'ailleurs $a = d\,b$; donc $c = d\,b + b = b\,(1 + a)$,

$$\text{d'où } b = \frac{c}{1 + d} \text{ ou } \frac{L}{1 + \dfrac{R}{r}}$$

La *fig.* 21, Pl. II, indique un troisième moyen souvent employé dans les manufactures pour localiser une petite faute. On essaye le fil par places en l'enroulant successivement sur le tambour B, et en nettoyant la gutta-percha en $c\,d$. Si la faute est sur le tambour A, parfaitement isolé par a et b, l'aiguille du galvanomètre G ne déviera pas sensiblement; si la faute passe sur le tambour B, mis en communication avec la terre, le galvanomètre sera fortement dévié, et l'on pourra bientôt localiser la faute.

Perte très faible, variable, et de grande résistance sur un câble à un seul fil.

Lorsque le câble n'a qu'un fil, et qu'il se produit sur le conducteur une perte de ce genre, on la constate sans peine par l'abaissement de la résistance qui en résulte dans l'isolement; il s'y joint en même temps une légère dépression dans la résistance apparente du conducteur métallique ; les transmissions peuvent néanmoins s'échanger, car il n'y a qu'une faible partie du courant qui se perd à la faute, et cette perte est inversement proportionnelle à la résistance de la faute. Si une des stations isole le fil (1), et que l'autre mesure la résistance, l'épreuve de la continuité ne permet pas de déterminer sa position. Si pourtant la résistance de la faute restait constante, et que deux mesurements de résistance R et r fussent faits par la station A lorsque la station B isole l'extrémité du câble, puis lorsque cette extrémité est mise à la terre, on obtiendrait deux équations concernant les résistances, dans lesquelles il n'y aurait qu'une inconnue, qui serait la résistance de la faute. Lorsque cette valeur serait éliminée, on obtiendrait l'équation

$$D = r - \sqrt{(R - r)\,(L - r)}$$

où $D = $ la résistance du conducteur entre la faute et l'observateur, et L la résistance du conducteur entier reliant les deux stations.

Deux épreuves successives des deux stations, avec l'extrémité isolée dans chaque cas, donneraient également deux équations d'après lesquelles, en supposant toujours la faute constante, on pourrait déterminer sa position. Appelons R et R_1 la résistance obtenue dans chaque cas, nous aurons

$$D = \frac{L\,(R + R_1)}{2}$$

où D est la résistance du conducteur entre la station qui a observé la résistance R et la faute.

(1) Cantor Lectures.

Mais cette épreuve dépend de la résistance de la faute, qui reste rarement constante pendant toutes ces opérations.

On peut reconnaître la variation de résistance produite sur la faute par les courants négatif et positif, en formant une faute artificielle du même genre sur un morceau de fil que l'on plonge dans la mer; on y ajoute la résistance nécessaire à égaler celle du câble. On varie alors la longueur de fil exposée à l'eau, jusqu'à ce que les courants polarisés varient de la même manière que ceux qui viennent du câble et que les deux fautes se se comportent identiquement. La plus faible résistance obtenue égalera alors celle de la faute, plus la résistance ajoutée (1)

Il nous reste à examiner le cas D, où un contact aurait lieu entre deux fils d'un câble à plusieurs conducteurs ou d'un des conducteurs avec l'armature extérieure.

Si deux fils du câble sont en contact, il suffira de mesurer leur résistance réunie après avoir fait isoler ces fils à l'autre extrémité. La moitié du résultat obtenu indiquera la résistance du fil entre l'observateur et la faute.

Un contact du fil du câble avec l'extérieur peut être parfait, et alors le câble ne fonctionnerait plus, et la résistance métallique indiquerait où se trouve le défaut. Ou bien ce contact est imparfait et offre une certaine résistance , et

(1) MM. Blavier et Siemens ont proposé deux méthodes à peu près identiques que l'on trouvera dans les ouvrages de MM. Blavier et Dumoncel.

retombe dans la catégorie du cas C que nous avons examiné.

Lors des premières réparations effectuées sur les câbles, on employait souvent, pour la recherche des fautes, une méthode qui eut sans doute de très fâcheuses conséquences et dut contribuer à la destruction de plusieurs lignes télégraphiques sous-marines.

Cette opération consistait à percer la gutta-percha du fil avec une aiguille, qui, par son contact avec le conducteur, permettait d'établir un circuit dont on vérifiait ainsi, de place en place, le bon état de continuité. Ce procédé permettait d'éviter de couper le câble pour vérifier son état électrique.

Le premier câble de l'Atlantique, déposé dans les docks de Plymouth, après l'insuccès de la pose de 1857, avait été tellement ramolli par son exposition au soleil, que le fil conducteur fut complétement décentré en plusieurs points, tellement qu'il était, sur de grandes longueurs, mis en contact métallique avec les fils de fer de l'enveloppe extérieure. On dut, pour le remettre en état, couper et rejoindre différentes sections du câble sur une longueur totale de 16 milles, et refaire une centaine de nouvelles jointures. On fit aussi des épreuves locales de continuité, au moyen de piqûres d'aiguille faites de distance en distance, et il n'est pas douteux que, sous l'effort de la pression énorme dans l'Atlantique, l'eau pénétra dans toutes ces ouvertures probablement mal rebouchées, et causa, après la pose, des pertes nombreuses et d'autant plus grandes, que ces fautes durent s'aggraver promptement sous l'effort des piles puissantes qui furent employées aux transmissions.

Cette méthode est, bien entendu, condamnée depuis longtemps et n'a probablement pas été employée depuis 1858.

TROISIÈME PARTIE.

I. — Pose et entretien.

Choix de la route.

M. Delamarche a publié (1) un excellent ouvrage que nos lecteurs pourront consulter avec fruit, et auquel nous empruntons les conclusions suivantes sur la détermination de la route à suivre.

Indépendamment des raisons politiques, commerciales ou administratives qui peuvent intervenir, la route à suivre doit être déterminée par la distance la plus courte et les profondeurs les plus faibles et les plus régulières. La plus courte distance demande moins de câble et exige un navire plus petit; les profondeurs plus faibles diminuent l'effort que doit supporter le câble pendant la pose, et les profondeurs plus régulières préviennent les anomalies dangereuses qui se produiraient dans l'émission par des fonds brusquement variables.

Il est indispensable d'avoir aussi exactement

(1) Eléments de télégraphie sous-marine. Firmin-Didot, Paris, 1858.

que possible le profil de la mer suivant la route qu'on doit suivre, et de connaître aussi les fonds qui se trouvent à droite et à gauche de la route adoptée, afin de savoir de quel côté on devra se diriger au cas d'une déviation forcée dans la marche du navire suivant la route choisie.

Les sondages peuvent être faits à des distances très espacées l'une de l'autre, lorsque les fonds sont uniformes (*fig.* 1, Pl. I), comme dans le profil que nous donnons des profondeurs de l'Atlantique, où l'échelle des diverses profondeurs (indiquées en brasses) est dix fois plus grande verticalement que horizontalement; mais par des profondeurs variables, il faut les rapprocher de 2 à 3 milles au moins, jusqu'à ce que l'on arrive à la profondeur maximum qui se maintient généralement la même sur une étendue considérable.

En outre des sondages, il est très important d'étudier avec soin les points d'atterrissement les plus favorables pour le câble. Ces points devront être exempts : de mouillage où les gros navires pourraient casser le câble en relevant leurs ancres, et de rochers sur lesquels le câble s'userait par le frottement résultant des mouvements de mer qui se produisent toujours aux côtes. Enfin, le câble doit, autant que possible, être rejoint à la ligne de terre par l'intermédiaire d'un bureau télégraphique, ou tout au moins n'avoir qu'une très faible distance à parcourir avant de rejoindre la première station.

Le câble devra être construit en vue de cette route à suivre, et nous avons déjà eu l'occasion d'expliquer pourquoi les câbles légers ne pouvaient suffire, même aux profondeurs moyennes, qui sont presque toujours inégales, et que les câbles lourds doivent être choisis toutes les fois que les profondeurs à traverser ne dépassent pas une moyenne de 600 à 800 mètres.

Halage du câble à bord et arrimage.

Nous avons dit déjà qu'aussitôt terminé, le câble est enroulé dans des réservoirs pleins d'eau, où on le maintient à l'abri de toute détérioration en même temps que l'on peut lui faire subir, chaque jour, les épreuves qui constatent sa conservation en bon état de fonctionnement. Ces réservoirs, circulaires ou ovales, doivent être abrités du soleil par des hangars, et ils sont presque toujours construits de façon à pouvoir être remplis ou vidés d'eau à volonté. C'est de là que les câbles sont dirigés à bord lorsqu'on doit les embarquer.

Comme cette opération varie peu, nous donnons ici une description du halage et de l'arrimage du câble Atlantique, à bord du *Great-Eastern,* qui suffira à indiquer comment s'accomplit le transport du câble à bord. Les câbles de l'Atlantique furent transportés de Greenwich à Sheerness, sur des chalands de l'amirauté; mais il est souvent possible à des navires, d'un moindre tirant d'eau que le *Great-Eastern,* d'accoster les quais de la fabrique et d'opérer sans intermédiaire le halage à bord.

Le câble de l'Atlantique partant du chaland solidement amarré aux flancs du grand navire, était amené à bord par une série de poulies à gorge, et aboutissait à une hutte en bois construite temporairement au-dessus de la cale dans laquelle on devait le déposer. Sous cette hutte était placée une machinerie assez grossière, qui attirait le câble à bord. Elle consistait principalement en un cadre en charpentes, supportant deux arbres, sur l'un desquels était fixée une roue à gorge dans laquelle le câble était engagé et maintenu par un galet comprimé au-dessus par un bras de levier à contrepoids. Sur ce même arbre, et à l'extérieur du cadre, était fixée une large poulie de commande, recevant son mouvement d'une autre poulie plus petite, fixée sur l'extrémité du second arbre de couche. Cet arbre portait aussi, en dedans du cadre, une roue à gorge, dans laquelle s'engageait un cordage sans fin, en fer, enroulé sur une poulie semblable fixée à la bielle d'une petite machine oscillante placée à l'arrière du navire, et qui, par ce cordage, pouvait communiquer son mouvement à distance à la machinerie mobile que nous avons décrite. Cette machinerie était en outre munie d'un compteur qui enregistrait exactement la quantité de câble embarqué.

De la machine, le câble passait dans les réservoirs de la cale, à travers un anneau d'environ 0^m55 de diamètre, placé au-dessus d'un cône formé de pièces de bois et servant de centre au réservoir; des ouvriers recevaient le câble et le déposaient en couches concentriques régulières partant toujours du centre à la circonférence.

On pouvait arrimer de 2 à 3 milles nautiques

13.

de câble à l'heure, et avec de bons ouvriers on en embarquait jusqu'à 30 milles par jour de 10 1/2 heures de travail. En moyenne, la quantité embarquée journellement était de 25 milles. Le câble était continuellement soumis aux épreuves électriques pendant l'embarquement.

Les réservoirs en tôle, dans lesquels l'arrimage s'opérait, étaient remplis d'eau au fur et à mesure que le câble s'élevait, et de manière à ce que tout le chanvre fût constamment humecté d'eau, sans toutefois gêner les opérations. Les trois réservoirs du *Great-Eastern* contenaient : celui de l'avant, 670 milles de câble des grandes profondeurs et 3 milles de câble côtier (dimensions 15ᵐ70 de diamètre et 6ᵐ25 de profondeur); celui du centre, 865 milles de câble (17ᵐ83 de diamètre), et celui de l'arrière, 839 milles de câble (17ᵐ68 de diamètre).

Les premiers réservoirs de ce genre avaient été construits pour le câble de la mer Rouge, mais on ne s'en servit pas en cette occasion, et ce ne fut que pour le câble d'Alexandrie qu'on adopta ce système de conservation du câble sous l'eau avant la pose. Il est important que le centre de gravité de la masse de câble, déposée dans ces réservoirs, soit au-dessous de la ligne de flottaison du navire : il en résulterait autrement un roulis très fort qui fatiguerait le navire et pourrait même le mettre en danger par des gros temps.

Si l'eau était retirée des réservoirs avant la pose, les fils de fer se rouilleraient et échaufferaient le câble suffisamment pour l'endommager, par suite de l'action chimique qui en résulterait. Les câbles protégés par de l'asphalte ne subissent pas ce dommage; il est même nécessaire de renouveler souvent l'eau qui les baigne, et lorsqu'elle a séjourné, en contact avec le bitume, pendant huit jours, elle devient même infecte et puante. Ceux qui ont navigué avec les sections du câble du golfe Persique, qui ont doublé le cap de Bonne-Espérance, en ont été plus d'une fois incommodés.

L'anneau et le cône central du réservoir jouent un rôle très important dans la pose; aussi reviendrons-nous sur leur description. Ce système, inventé par M. Newall, est employé assez généralement, et offre de sérieuses garanties de sûreté. Il a pour but d'empêcher la formation des boucles ou coques qui pourraient se former pendant la submersion. Si la vitesse de la pose est assez grande, le câble pourrait s'échapper et filer trop vite à la mer sous l'influence de la force centrifuge, s'il n'était maintenu et dirigé par cette précaution. L'anneau contrôle en effet la tendance qu'a le câble à se développer trop vite, et il agit d'autant mieux que son diamètre se rapproche plus du cône central; on peut d'ailleurs l'abaisser à mesure que le réservoir se vide. Le câble est de la sorte forcé à s'écouler horizontalement vers le centre, ce qui contrôle son mouvement ascensionnel.

Comme le système de M. Newall est breveté, l'adoption n'en est pas générale, et l'on emploie souvent une autre méthode qui consiste à disposer le câble dans un réservoir elliptique, et autour d'un cadre de la même forme; on le dirige à sa sortie par un tuyau très évasé à la base et très recourbé, qui le dirige par une pente convenable sur le tambour du frein.

Description des machines.

Des réservoirs, le câble est conduit sur le frein, qui applique une force retardatrice et empêche une submersion trop rapide. Il suit, pour y arriver, la voie d'augets construits exprès, et qui, à bord du *Great-Eastern*, ne mesuraient pas moins de 137^m, du réservoir de l'avant jusqu'au frein. Ces augets protègent le câble contre les accidents qui pourraient résulter de la machinerie ou de la manœuvre.

La machine du *Great-Eastern* consistait en six roues à gorge dont les axes étaient munis de poulies à frein; sur le câble, engagé dans la gorge des poulies, s'appuyait un nombre égal de galets avec bras de levier et contrepoids. Les axes de ces galets portaient aussi des freins. Les contrepoids, destinés à presser les galets avec plus ou moins de force sur le câble, pouvaient glisser le long de la tringle formant bras de levier. Cet appareil servait à maintenir le câble tendu sur le tambour d'émission, qui avait lui-même 1^{m}85 de diamètre, une largeur de 0^{m}33, et autour duquel le câble prenait quatre tours. Ce tambour était pourvu de sabots (1) destinés à empêcher le câble de sauter par-dessus ses bords,

(1) MM. Newall furent les premiers qui employèrent le tambour et le sabot dans la pose du câble de Holyhead, en 1852.

et qui pouvaient s'ajuster. Aux deux extrémités de son arbre étaient placés deux freins
Appold.

Voici sur quel principe est construit cet
appareil (1). L'extrémité de la bande a (*fig.* 22),
sur laquelle s'applique la plus forte tension, est
attachée à un levier dont le point d'appui est en
c, situé entre le centre du tambour et le point a.
L'autre extrémité est attachée en b très-proche
de a. Entre a et c, la friction retardatrire est
évidemment égale à la différence des tensions
qui s'exercent sur les extrémités a et b du frein,
et le poids P est presque exactement égal à cette
différence. Cette relation ne dépend pas du coefficient de friction entre le frein et le tambour ;
si la friction augmente, le poids P est un peu
soulevé, et le levier $a\,c$, à cause de la position
excentrique de c, allonge le frein et réduit la
friction. L'effet opposé se produit si le coefficient
de friction diminue. Le mouvement de $c\,a$ nécessaire à relâcher ou resserrer le frein, est infiniment petit; de sorte que les angles formés par
le levier et le frein et les relations des tensions,
ne varient pas sensiblement.

M. Siemens vient de faire adapter au frein
qu'il doit employer pour la pose de son câble
dans la mer Noire, une petite machine hydrau-
lique agissant sur le levier du frein, et qui permettra d'y appliquer une très grande force sans
grand effort.

Les freins du tambour fonctionnaient parfaite-

(1) Cantor Lectures,

ment bien sur le *Great-Eastern*, qui avait d'ailleurs à bord un duplicata de cet appareil en cas d'accident. Bien plus, les deux freins du second tambour pouvaient, au moyen d'une transmission, servir en addition des deux autres.

Du tambour, le câble passait sous la roue du dynamomètre à celle de l'arrière, qui était une poulie à gorge de grand diamètre, supportée par de très fortes consoles en fer forgé, munie de douilles en bronze aux paliers. Cette poulie se projetait à l'arrière du navire et était à demi enveloppée par une pièce de fonte très-évasée qui avait pour but de prévenir le frottement ou l'abrasion du câble contre les bords de la poulie ou les autres parties de l'arrière du navire.

Le dynamomètre consistait simplement en un galet balancé par un contrepoids, qui s'appuyait au point formé par l'angle rentrant de deux autres poulies sur lesquelles passait le câble. Lorsque l'effort, dû à la tension du câble, augmentait, il se raidissait et diminuait la flèche en soulevant le bras de levier du contrepoids, qui indiquait ainsi la tension éprouvée par le câble sur une échelle graduée et construite par expérience. Suivant ces indications, la pression exercée sur les freins était augmentée ou diminuée au moyen d'un treuil placé près du dynamomètre, et qui commandait les leviers des freins et ceux des bras de levier des six galets pesant sur le câble. Voici comment fonctionnait cet appareil :

Du tambour (mis en mouvement par un engrenage communiquant avec une paire de roues directrices), partait une chaîne aboutissant à un autre tambour plus petit, fixé sur un arbre de couche courant tout le long du cadre en charpentes, soutenant l'ensemble des six roues de la grande machine. Sur cet arbre longitudinal étaient fixés six petits tambours qui, au moyen de chaînes fixes enroulées autour d'eux, commandaient l'extrémité du bras de levier supportant le contre-poids des galets qui compriment le câble sur les roues à gorge. Lorsque la première chaîne s'enroulait sur le tambour du treuil, elle se déroulait sur le tambour correspondant de l'arbre de couche longitudinal, et lui communiquait son mouvement, allégeant ainsi les bras de levier par le déroulement des chaînes couplées aux petits tambours et aux tringles de ce levier. Le contraire avait lieu si le mouvement s'opérait en sens opposé.

Toutes les roues munies de frein plongeaient dans l'eau (1).

Théorie de la submersion.

Le professeur Thomson a publié, dans l'*Engineer*, en octobre 1857, une esquisse de la théorie mathématique de la forme qu'assume un câble submergé et des tensions auxquelles il est soumis dans diverses conditions. Les conséquences de cette théorie ont été développées, par MM. Brooks et Longridge, dans un mémoire présenté à l'institution des Ingénieurs civils de Londres, en 1858.

(1) Pour plus de détails, voir une Notice de l'auteur sur les câbles de l'Atlantique, publiée par les *Annales industrielles* des 1er juin et 1er juillet 1869.

MM. Breton et de Rochas ont aussi publié un mémoire sur le même sujet, et M. Delamarche a reconstruit en partie le travail de ces messieurs, qui l'avaient tenu secret. Cette analyse se trouve dans les *Eléments* de *télégraphie sous-marine* dont nous avons déjà parlé, où nos lecteurs pourront la consulter (1). Elle est moins complète que celle de MM. Brooks et Longridge, que nous allons résumer.

Lorsque le navire et le câble sont stationnaires dans des eaux calmes, le câble pend en un chaînette dont les tensions sont connues et peuvent aisément se calculer. Ce cas se présente lorsque le navire s'arrête et ne file plus de câble, comme cela arrive par exemple lorsqu'il s'agit d'extraire une faute. Si le câble était arrêté subitement, de manière à former un angle très grand avec la verticale, il se produirait une tension assez considérable pour rompre infailliblement le câble; ainsi, pour une chaînette dans laquelle le câble, au point de suspension, formerait un angle de 9° 30' avec l'horizon, la tension, au point de suspension, serait égale à 72 1/2 fois le poids du câble pendant verticalement dans la même profondeur; de sorte que, dans 2,000 brasses, la tension serait égale au poids de 145 milles de câble. Or, un câble du genre de ceux de l'Atlantique se briserait aussitôt que cette tension excéderait le poids de 11 milles de câbles.

(1) Voir A. Delamarche, *Eléments de télégraphie sous-marine*, pages 22 et 40, et les *Annales télégraphiques* de septembre-octobre 1859.

Il en résulte qu'un câble ne doit pas être arrêté subitement durant la submersion, mais qu'il faut graduellement amortir sa chute, tandis que l'on renverse la marche du navire, de façon à maintenir le câble aussi proche que possible de la verticale à son entrée dans l'eau. Une autre conclusion qu'on en pourrait tirer, c'est que le câble, pendant sa chute, ne peut assumer la forme d'une chaînette, puisque les câbles de l'Atlantique formaient un angle de 9° 30' environ avec l'horizon, et que la tension, au lieu d'être de 61 à 62 tonnes, n'était que de 600 kilogrammes.

La considération suivante peut aider à voir la différence qui existe entre un corps submergé régulièrement et une chaînette au repos. Supposons que le navire laisse tomber un certain nombre de sphères ayant la même densité que le câble, et que cette chute dans l'eau s'opère à des intervalles réguliers. Chacune de ces sphères acquérera, à environ 60 centimètres de la surface, une vélocité définie et sensiblement constante. Ces sphères se mouvant avec une vélocité constante à des intervalles de temps également constants, prendraient la direction d'une ligne droite, allant de la surface au fond de la mer, et seraient plus ou moins inclinées avec l'horizon, suivant que la vitesse du navire serait plus ou moins grande.

Si les sphères étaient jointes entre elles par une ligne très fine et n'offrant aucune résistance à l'eau, elles formeraient un câble, qui pourrait être déposé sans aucune tension et avec une perte qui dépendrait uniquement de l'inclinaison de cette ligne avec l'horizon.

Le cas pratique d'un câble sous-marin tient le milieu entre les deux extrêmes représentés par la chaînette et les sphères isolées ; chaque longueur de câble repose dans l'eau comme une barre rigide et inclinée, et a, par conséquent, une tendance à se rejeter en arrière dans une direction donnée; tandis que les sphères isolées tendent à chuter verticalement.

En conséquence, les câbles pesants ne peuvent être déposés sans tension au fond de la mer, qu'aux dépens d'une perte considérable de câble (1).

Il n'est pas nécessaire de reproduire ici la longue investigation mathématique donnée par MM. Brooks et Longridge; il suffira de signaler les résultats auxquels ils sont arrivés (2).

1° Si le câble est posé sans aucune tension au fond, ce qui est maintenant invariablement le cas, l'équation de la courbe assumée par le câble deviendra celle d'une ligne droite inclinée sous un certain angle avec l'horizon ;

2° L'angle sous lequel sera submergé un câble quelconque, sera (s'il n'est pas tendu au fond) indépendant de la tension ou de la vélocité du câble, et dépendra simplement de la vitesse du navire;

3° La tension maximum nécessaire pour poser

(1) Voir le mémoire de M. de Branville à la Société des ingénieurs civils.

(2) Institution of Civil Engineers. Reports. April 1858.

un câble quelconque sans perte, est égale au poids de la longueur de ce câble qui rejoindrait perpendiculairement le navire au fond.

Cette tension est toujours diminuée d'une certaine quantité assez faible, et constante, suivant le câble et la vitesse employés.

La figure 23 (*pl.* II) aidera à expliquer ces résultats.

Le câble $A\,C$ (1), reposant sur un plan incliné d'eau sous l'angle a, est emporté par une tension égale au poids de la portion de câble $A\,B$, à peu près de la même manière qu'une chaîne serait maintenue en équilibre si, reposant sur un plan incliné $A\,C$ et sans friction, elle pendait en A et perpendiculairement jusqu'à la profondeur B par-dessus une poulie.

Mais le plan incliné d'eau n'est pas au repos, il cède sous le câble à chaque point, et si le câble était pressé au travers de l'eau dans une direction perpendiculaire à lui-même, de manière que le plan d'eau cédât sous la pression du câble et ne glissât pas, au contraire, tout au long de ce câble, l'analogie ci-dessus serait parfaite, et la tension en A serait simplement égale au poids de $A\,B$, puisque nous avons supposé que le câble était émis sans tension et sans perte au fond ; tout point D doit donc finir par arriver dans une position E, telle que $E\,C = D\,C$, et pour qu'il en soit ainsi, ce point D doit se mouvoir suivant la ligne droite $D\,E$.

Or, cette ligne n'est point perpendiculaire à

---

(1) Cantor Lectures.

A C, elle tombe en dedans de cette perpendiculaire D F; de sorte que si nous supposons que le
plan d'eau sous A C cède perpendiculairement
au câble, il faut aussi supposer que le câble glisse
un peu en arrière de ce plan, d'une quantité correspondant à l'espace compris entre D F et D E.
Mais ce glissement est opposé par la friction de
l'eau, qui tend à empêcher le câble de s'écouler
le long du plan incliné et soulage de la sorte un
tant soit peu la tension. Cette quantité est si
faible qu'on peut la négliger en pratique et qu'il
serait même inutile d'en parler, n'était que cette
considération permet de comprendre le résultat
obtenu en posant un câble avec une certaine
perte. ·

Lorsque ce cas se produit, le point D se meut
suivant une ligne D G, différant beaucoup plus
de la perpendiculaire que ne le faisait D E.
Lorsque la perte est très-grande, le câble glisse
en arrière avec une vélocité considérable, suivant le plan incliné, et détermine une résistance
de friction de la part de l'eau, qui tend à diminuer considérablement la tension. Ainsi, lorsque
la vélocité du câble est beaucoup plus grande
que la vitesse du navire, la fraction de la tension
totale enlevée au poids par la friction est très-
grande. Elle augmente aussi rapidement avec la
vitesse du navire et d'autant plus que la densité
du câble est moindre, car alors ce câble présente
une immense surface sur laquelle l'eau exerce sa
résistance.

La friction sur chaque unité de longueur paraît peu de chose; mais lorsqu'il s'agit d'une dis-

tance de plusieurs milles en contact avec l'eau, et dont la surface se compte par plusieurs centaines de mètres carrés , le résultat devient d'une très-grande importance pratique.

La vitesse moyenne d'émission des câbles de l'Atlantique était de 3^m16 par seconde, lorsqu'ils formaient avec l'horizon un angle de $9°$ $30'$ par des profondeurs de 2,000 brasses et sous une tension de 600 kilogrammes. De ces valeurs introduites dans les formules de MM. Brooks et et Longridge, on a déduit les constantes suivantes pour valeurs des coefficients de friction :

$$\text{Verticalement } q = 0.246 \, D$$
$$\text{Diagonalement } q_1 = 0.0246 \, D$$

où D exprime le diamètre du câble en mètres.

D'après quelques observations, il paraît que l'angle du câble avec l'horizon était souvent moindre que $9° 30'$, auquel cas q était plus grand et q_1 plus petit.

D'après les expériences de Beaufoy, on aurait dû s'attendre à ce que q fût plus rapproché de $0.197 \, D$; mais les aspérités du câble expliquent la différence par suite de l'augmentation de friction, qui est environ huit fois celle d'une surface lisse. Il est probable que, pour un câble de fer lisse , la valeur de q serait plus proche de $0.003 \, D$ et celle de q_1 de $0,197 \, D$.

On s'expliquera maintenant aisément les motifs qui exigent qu'un câble ait une force relative aux profondeurs qu'il doit atteindre. La tension à donner, dans l'émission, est toujours une fraction de cette profondeur ; mais cette tension

14.

n'est pas toujours la même fraction de la profondeur, et elle sera bien plus petite pour les câbles légers posés non tendus.

Il résulte de tout ce qui précède, que, pour poser un câble, si léger qu'il soit, tout à fait tendu, il faut employer presque toute la tension due au poids du câble pendant verticalement de la surface au fond ; mais en augmentant le volume du câble sans diminuer son poids, on peut, avec un peu de perte, diminuer sensiblement la tension.

Avec les derniers câbles de l'Atlantique, la tension a été diminuée de la sorte de plus de moitié ; pour les poser tout à fait tendus, il eût fallu appliquer une tension de 1,410 kilogrammes ; tandis qu'avec les 15 0/0 (1) de perte qu'on a submergé, l'effort nécessaire n'était que de 605 kilogrammes.

L'effort pouvait être maintenu constant, dans les profondeurs plus grandes, en permettant l'issue d'un peu plus de câble, et l'on évitait même cette perte en augmentant un peu la vitesse du navire. On n'obtient aucun soulagement de ce genre, par l'effet de la perte, dans la pose des câbles lourds (2) ; mais pour les câbles encore

(1) D'après les tables de MM. Brooks et Longridge, avec un câble de la densité de celui qui fut posé en 1858 dans l'Atlantique, l'orqu'on le filait dans des profondeurs de 2,000 brasses, à raison de 4 3/4 nœuds à l'heure, on perdait 25 0/0 de câble, si la force retardatrice était de 3 0/0 trop faible ; et l'on en perdait 50 0/0 si cette force était de 10 0/0 trop faible.

(2) Voir les Observations sur le mode d'établissement des lignes télégraphiques sous-marines, de

plus légers que ceux de l'Atlantique, la pose pourrait se faire dans des conditions encore plus favorables, et dans le cas d'un câble formé d'un seul fil de gutta-percha, il faudrait, pour obtenir un peu de relâchement du fil au fond de l'eau, favoriser sa submersion en le surchargeant ou en le poussant hors du navire, car son poids serait insuffisant à produire un écoulement convenable. Le câble d'essai de Calais à Douvres et le fil de Varna à Balaclava furent posés dans des conditions de ce genre.

Les câbles de l'Atlantique reposent dans des profondeurs qui varient de 1,750 à 2,400 brasses, et les vitesses du navire étaient de 4 3/4 à 6 3/4 nœuds à l'heure, tandis que la vitesse d'écoulement du câble était de 5 à 8 nœuds à l'heure. L'angle du câble avec l'horizon variait de 9° à 12°; mais 9° 30' semble avoir été l'angle moyen. La perte submergée dans les grandes profondeurs varie de 9 à 18,5 0/0, et l'effort sur le câble était très constant, et généralement de 550 à 650 kilogrammes. Le tangage du navire ne causa jamais plus de 100 kil. de différence dans la tension, et une fois que la vitesse du navire avait été ralentie pour changer de cale, la tension s'éleva jusqu'à 857 kil., ce qui s'accorde avec la théorie. (1)

MM. Longridge et Brooks ont aussi démontré que les courants de l'Océan ne peuvent augmenter sensiblement l'effort exercé sur le câble, pen-

M. Beaudouin; *Génie industriel*, octobre et novembre 1858.

(1) Cantor Lectures.

dant la submersion, et qu'ils ne peuvent non plus causer une perte de câble considérable.

On a proposé d'augmenter le pouvoir flottant des câbles destinés aux grandes profondeurs, en y attachant des parachutes ou des bouées fixées à certains intervalles du câble. Mais il est, sans doute, préférable de donner au câble lui-même, lors de sa construction, les qualités nécessaires de force et de poids spécifique. Ces qualités ont été discutées dans la première partie de cet ouvrage.

On a aussi cherché à améliorer les conditions de la machinerie de pose, et les deux dernières expéditions de l'Atlantique ont fait faire des progrès considérables à cette partie de la science télégraphique sous-marine.

Le *Great-Eastern*, qui est à peu près le seul navire que l'on puisse employer avec facilité pour la pose des grands câbles que paraît promettre l'avenir, est d'ailleurs muni de roues à aubes et d'une hélice qui donnent les moyens indispensables pour que la manœuvre d'un aussi grand navire soit aussi prompte que sûre. Un arrangement spécial des bielles motrices des roues à aubes, permet d'arrêter ou de renverser en quatre minutes, et à volonté, la roue de bâbord ou celle de tribord; en sorte que ce navire peut plus aisément tourner sur lui-même que bien d'autres vaisseaux de tonnage moyen.

M. Siemens a proposé et employé des bobines tournant sur un axe central et sur lesquelles était enroulé le câble. Ces bobines étaient manœuvrées par des machines à vapeur et laissaient filer le câble à la mer sans aucune torsion. Pour de grands câbles, la manœuvre de masses considérables devient difficile à contrôler, et M. Siemens semble avoir renoncé à son système, qui a, d'ailleurs, causé des accidents.

M. Ballestrini propose d'arrimer le câble à bord en forme de 8, afin de compenser, dans le second cercle, la torsion donnée au premier. Il serait, selon nous, difficile d'aménager une certaine quantité de câble à bord suivant cette méthode, qui n'a jamais été employée.

M. le capitaine Selwyn propose une bobine flottante submergée à l'arrière du navire, et dont le déroulement est retardé par des palettes semblables à celles des roues à aubes. Ce système n'a pas été mis en pratique, et l'on s'explique, d'ailleurs, difficilement comment on pourrait agir efficacement sur des tambours d'aussi grandes proportions pendant les gros temps.

Le changement de tension occasionné par le tangage du navire peut, pendant la pose ou lors du relèvement, exercer un effort additionnel sur le câble, et comme il s'exerce subitement, il a des inconvénients auxquels ne remédie pas l'élasticité naturelle du câble, qui peut pourtant par lui-même s'allonger d'environ 1/4 0/0 par mille. Plusieurs ingénieurs ont donc proposé un arrangement élastique qui permette de conserver constamment égale la tension exercée sur le câble.

M. Latimer Clark a inventé un appareil qui est surtout destiné au relèvement des câbles, mais qui peut également être utilisé pendant la pose.

Il consiste principalement en un cylindre de grandes dimensions, fixé verticalement, au fond de la cale, entre le tambour et la roue de décharge ou de relèvement. Ce corps de pompe est ouvert à sa partie supérieure et contient un piston au-dessus duquel est fixé une poulie à gorge.

Le câble passe de la roue de décharge sur une poulie posée sur un des rebords du corps de pompe, puis descend dans le cylindre et s'engage sur la poulie fixée au piston, et remonte enfin sur la seconde poulie fixée au rebord du corps de pompe, pour aller de là s'enrouler sur le tambour. Le cylindre communique par en dessous à des tuyaux aboutissant à un réservoir assez vaste, dans lequel on fait le vide. La pression atmosphérique exercée sur le piston le maintient près du fond du corps de pompe, à moins que l'effort additionnel exercé sur le câble n'excède la pression atmosphérique, auquel cas le piston monte et laisse filer le câble à la mer lorsque les vagues soulèvent le navire, Le piston soulevé augmente évidemment le vide du réservoir et l'effort qui tend à maintenir le piston au bas de sa course s'accroît de même. Afin de modifier le rapport de cette augmentation, on peut faire communiquer le bas du cylindre avec un ou plusieurs réservoirs où l'on a fait le vide, et, au moyen de robinets, augmenter ou diminuer à volonté l'effort additionel constant, qui devra être la limite de la tension permise.

M. Jenkin a inventé un appareil très ingénieux,

qui n'est autre qu'une modification du frein Appold, mais qui est si bien combiné, qu'il permet de conserver constante la tension appliquée sur le câble. On en avait décidé l'emploi pour les opérations de 1866; mais un retard du constructeur de cette machine, et l'impossibilité d'en ajuster convenablement les différentes pièces à bord du *Great-Eastern*, empêchèrent d'en faire usage alors. Cet appareil pourra peut-être être employé dans de prochaines opérations, et nos lecteurs nous sauront sans doute gré d'en donner ici la description.

Cet appareil est automatique et surtout destiné à agir comme tambour de relèvement ; mais il peut également être employé pour la pose des câbles comme l'arrangement de M. Clark.

Il se compose d'un arbre a (*fig.* 24, Pl. II) commandé directement par une machine à vapeur, d'une roue dentée b, fixée sur l'arbre, et s'engrenant sur un pignon c denté, qui se meut sur un centre fixé au tambour d. Ce tambour peut lui-même tourner sur l'arbre a; mais il en est empêché par une courroie e, formant frein, qui l'enveloppe, et dont les extrémités 1 et 2, sont fixées sur un levier f en forme de triangle, monté sur un centre f'. Comme ce centre f' est assez éloigné de celui du tambour d, et que le frein est adapté par ses extrémités au levier f, à des distances différentes du point f'; il en résulte que, lorsque le levier est soulevé, la courroie du frein se relâche ; tandis qu'elle se resserre sur le tambour si le levier s'abaisse.

Le poids g tend d'ailleurs à l'abaisser constamment et forme un frein Appold du genre de celui qui a été décrit page 153.

Lorsque le tambour tourne dans le sens de la flèche, la friction soulève le poids g jusqu'à ce qu'il contrebalance l'excès d'effort entre les extrémités 1 et 2 de la courroie du frein ; cet excès, dû à la friction, cause la force retardatrice et reste, par cet arrangement, toujours sensiblement le même. Le tambour h, autour duquel s'enroule le câble, a des rebords très arrondis, et peut tourner follement sur l'arbre a. Il est garni d'un rang de dents intérieures h_1, qui engrènent le pignon c. Si l'arbre a se meut avec b dans la direction de la flèche, la roue dentée b entraîne le pignon c, et si le poids g est suffisant pour maintenir le tambour d stationnaire, le pignon c engrène les dents de la grande roue h, et entraîne le câble.

Si, d'un autre côté, l'effort sur le câble devient suffisant à soulever le poids g, le levier f tourne sur son centre f^1, et relâche le frein e ; alors la rotation de l'arbre a entraîne le tambour d du frein, au lieu du tambour h du câble. Ou bien, comme il arrive plus souvent en pratique, l'arbre a communique son mouvement aux deux tambours à la fois, mais dans des directions opposées. La vitesse du tambour d est alors moindre que celle de l'arbre a, et en même temps aussi grande qu'il le faut pour produire sur le câble l'effort constant dû au poids g.

Ainsi, tout excès de l'effort que l'on a résolu d'appliquer sur le câble diminue, premièrement, la vitesse du relèvement ; puis si cet excès n'est pas diminué par le ralentissement, le tambour h s'arrête complétement, et si cela n'est pas encore suffisant, il tourne à son tour dans la même direction que d et fait filer le câble à la mer sous l'effort constant du poids g, l'arbre a tournant, pendant tout ce temps, avec la même vitesse et dans la même direction. Si, au contraire, l'effort sur le câble tombe au-dessous de la limite fixée, le tambour h le relève exactement à la vitesse nécessaire pour produire cet effort, et enfin, si l'effort devient, d'une façon permanente, insuffisant au relèvement, il peut être augmenté graduellement par une addition au poids g, de façon à élever l'effort constant nécessaire à ramener le câble à bord.

II. — Réparations. — Relèvement des câbles.

Dans les profondeurs moyennes, la réparation des câbles est toujours facile tant que les fils de fer extérieurs sont en assez bonne condition. Les câbles de la Manche ont tous été réparés plusieurs fois, et toujours dans un temps comparativement très court.

Après avoir déterminé, par des épreuves électriques, la nature et le lieu de la faute, on se dirige vers ce point, on jette à la mer le grappin et la ligne qui doivent draguer le câble et le ramener à bord, on le coupe et on l'essaie, et si la faute est proche, on frappe une bouée sur l'extrémité saine du câble, afin de pouvoir la relever plus tard; puis, après avoir enroulé l'extrémité fautive sur un tambour de relèvement mis en mouvement par une machine à

vapeur, et qui amène le câble à bord , on se dirige sur la faute, pour laquelle il faut parfois
jeter le grappin de nouveau, si le câble ne résiste pas au point fautif ; on répare la ligne,
soit en faisant intervenir un morceau de câble
neuf, soit en remettant le câble lui-même en bon
état, s'il a résisté au relèvement ; après quoi on
l'immerge de nouveau jnsqu'à la bouée, où l'on
rejoint les deux extémités par une épissure qui
est ensuite abandonnée à son sort. La submersion du balant réparé produirait des coques sur
le câble, s'il n'était pas suffisamment tendu ;
avant de l'abandonner, on l'amarre solidement
à l'arrière du vapeur, que l'on dirige à toute
vitesse dans une direction perpendiculaire à la
ligne du câble, et l'on coupe l'amarre avec une
hache lorsque l'on juge que le câble a reçu une
tension suffisante.

Drague.

La principale difficulté consiste à repêcher le
câble au moyen du grappin, qui est fréquemment
rompu, ou perdu sur des fonds rocheux, ou bien
glisse le long du câble sans y mordre, si la
position du navire n'est pas exactement perpendiculaire à la ligne. Il y a de grandes précautions à prendre dans cette opération ; lorsque
les fonds sont d'une nature telle que le grappin
peut-être ou détruit, ou franchir le câble par
suite des bonds inégaux produits par l'aspérité
de la surface , il vaut mieux s'éloigner de ces
fonds et aller repêcher le câble dans un endroit
moins inégal où il puisse offrir plus de prise au

grappin. Les fonds sablonneux avoisinent souvent les rochers et sont très favorables à la drague. La marche du navire doit être très lente pendant l'opération, et l'on doit mettre le plus grand soin à guider le navire dans la ligne voulue, pour que le grappin ne glisse pas le long du câble, ce qui pourrait l'endommager inutilement ; il faut aussi relâcher la ligne du grappin aussitôt que l'on sent qu'il a mordu, et ralentir aussi le navire, afin d'éviter toute tension inutile. Les câbles très forts se relèvent bien ; les câbles moins forts, posés très tendus au fond, cèdent d'environ 0.25 0/0 par mille dans l'effort du relèvement, par suite de leur élasticité naturelle ; mais il est presque impossible de les relever dans de grandes profondeurs s'ils ont été posés absolument tendus. La perte qui s'opère pendant la pose n'est donc pas un si grand mal.

Lorsque le câble est ramené à bord, au lieu de le couper, on file parfois dessous jusqu'à la faute. Cette opération se fait aisément au moyen d'une poulie placée à l'avant du navire, et sur laquelle on engage le câble ; de cette façon, on le soulève suffisamment pour pouvoir l'examiner ; et lorsque le navire marche en avant, son mouvement suffit à le relever à l'avant et à le laisser retomber en arrière ; mais ce mode de relèvement est presque abandonné, parce qu'il est maintenant possible de déterminer, avec une exactitude assez grande, le lieu précis où l'on doit rechercher la faute.

La manière d'opérer varie avec les circonstances, et la pratique est le guide le plus sûr de l'opérateur. M. Webb a décrit les cas qui se présentent le plus ordinairement et les méthodes à employer suivant les circonstances (1); mais il n'y a en réalité aucun système arrêté.

Les câbles peuvent être halés à bord dans toutes les profondeurs au moyen du grappin, comme l'ont prouvé les opérations du relèvement du câble de l'Atlantique.

Avant cette époque, on ne draguait pas dans des profondeurs plus grandes que 100 à 200 brasses. M. Webb avait relevé à la drague le câble de Cagliari à Malte, par des fonds de 160 brasses, et y avait rencontré de très grandes difficultés, dues principalement à la faiblesse du câble et à la manière dont il avait été posé, car il était très tendu au fond ; mais il a exprimé depuis l'opinion qu'un câble pouvait être halé à la drague par n'importe quels fonds. (2)

La drague n'était donc pas employée directement pour les grandes profondeurs. Lorsqu'il s'agissait de réparer une faute placée dans ces conditions, on commençait par draguer le cable par des fonds de 60 à 80 brasses, puis on le halait à bord, où il était lové à mesure qu'on le relevait, ayant soin de le tenir, autant que possible, dans une position verticale à la proue, afin de diminuer la friction de l'eau, qui offre d'autant plus de résistance que la diagonale est plus prononcée, et aussi afin que le poids du

(1) Transactions of the Institution of Civil Engineers, 1857-1858.
(2) Submarine Telegraph Comittee, 24 août 1860.

câble, pendant verticalement, fût, avec la friction de l'eau, les seuls efforts qu'il eût à subir.

On a recouvré de la sorte plusieurs câbles par des fonds de 1,000 à 1,500 brasses, avant l'expédition de 1866, entre autres les trois câbles de la Sardaigne à Bone. Le dernier, qui était très faible, resta, dans une occasion, suspendu pendant trois jours à l'avant du navire, par des fonds de 800 brasses, et soutint cet effort sans rompre, malgré les mouvements brusques causés par le tangage sous l'effort de la grosse mer. Ce câble fut reposé ensuite avec succès. L'élasticité des fils de fer formait sur cette longueur une compensation suffisante; mais leur limite étant faible, peut être aisément dépassée, et dans un pareil cas, les appareils de MM. Clark et Jenkin, décrits plus haut, eussent été d'un grand secours.

Cette méthode de relèvement offre, par des profondeurs considérables, un grand aléa et des risques nombreux. Le mauvais temps, les boucles qui se resserrent en bosses, quelques fils rompus dans le câble, sont autant de causes pouvant amener un échec.

S'il eût fallu adopter cette méthode pour le câble de l'Atlantique, comme on dépasse rarement une vitesse de un mille à l'heure, lors du halage, il eût fallu quarante jours pour arriver à la faute, et il eût été nécessaire de ne jamais dépasser la moitié de l'effort théorique à la rupture. Les ingénieurs qui ont dragué et repêché le câble de 1865, par des fonds dépassant 2,000 brasses, ont donc rendu un grand service en prouvant que la drague peut opérer efficacement dans de pareilles conditions. Mais tout ceux qui ont pris connaissance des détails des expéditions de 1865 et de 1866, savent quelle ténacité et quelle force de volonté Sir Samuel Canning a déployées en cette occasion. Dès 1865, cet ingénieur était convaincu de la possibilité du relèvement, bien que son avis fût partagé par peu de personnes à bord, et que d'autres ingénieurs eussent déclaré cette opération impraticable. C'est de cette conviction et de la ferme volonté de la faire prévaloir qu'est sorti le succès.

Voyons donc comment cette opération a pu être menée à bonne fin.

Si un câble était posé absolument tendu au fond de l'eau, son élasticité seule lui permettrait de s'élever à une certaine hauteur au-dessus du fond. S'il s'allongeait de 1 0/0 pendant le soulèvement, l'apex serait déjà à un demi-mille du fond lorsque dix milles du câble auraient quitté le sol. Dans ce cas, l'effort au point de suspension serait d'environ 45 tonnes, quoique celui qu'éprouverait la ligne du grappin ne fût en réalité que de 18 tonnes environ, ou un poids égal à celui de 10 milles de câble. Dans de pareilles conditions, le câble romprait infailliblement. Mais les câbles de l'Atlantique ne sont pas tendus; ils ont au contraire reçu une addition de longueur d'environ 15 0/0. C'est-à-dire que sur une longueur de 100 milles, on en a déposé de 114 à 115. (1)

____

(1) Cantor Lectures.

Or, si l'on pose à terre une longueur de fil de 114 centimètres sur une distance de 1 mètre, et qu'on soulève ce fil par un crochet, l'apex des deux demi-chaînettes ainsi formées, se trouvera à 0^m23 du sol lorsqu'on sera arrivé à la limite de la tension que ce fil peut supporter.

De même un câble relâché de 14 0/0 au fond de la mer et suspendu par un grappin, pendra en deux demi-chaînettes dont l'apex sera à 2,300 brasses du fond, c'est-à-dire à la surface de l'Atlantique aussitôt que 11.4 milles de câble auront abandonné la terre. L'effort, sur le cordage qui soutient le grappin, sera égal au poids du câble soulevé, et celui que subira le câble lui-même, au point de suspension, ne dépassera pas trois fois et demie le poids du câble pendant verticalement, soit environ huit milles. Il faut observer que l'effort sur le câble et le poids du câble ne sont pas synonymes. Lorsque les deux extrémités pendent d'aplomb, l'effort sur le câble à l'apex est égal au poids de la moitié du câble soulevé. Si le câble eût été posé peu relâché, l'effort eût été plus grand que le poids du câble supporté.

Ainsi, si la perte de câble, lors de la pose, avait été de 1 0/0, l'effort eût été de 66 tonnes ; avec 5 0/0, de 33 tonnes ; avec 10 0/0, de 6 1/2 tonnes, et avec 15 0/0, de 4 1/2 tonnes.

Il faut, en outre, tenir compte de l'effet produit à l'extrémité des chaînettes ; l'effort se traduit par un rapprochement, vers le grappin, des parties relâchées à droite et à gauche ; mais en ne comptant même pas sur cette dernière donnée, il est clair que le câble, qui pouvait supporter

11 milles de son propre propre poids, ne courait aucun risque d'être brisé par l'opération du relèvement, et bien qu'il le fût plus d'une fois avant d'être ramené à bord, on peut attribuer ces premiers échecs à quelque aspérité du sol qui, en retenant le câble, venait ajouter son effort à celui que le calcul avait prévu. (1)

Machinerie de relèvement.

Le relèvement du câble de l'Atlantique pouvait s'opérer, soit par l'avant, soit par l'arrière du *Great-Eastern*. La machine de l'arrière n'était évidemment destinée à opérer que pendant l'émission, et au cas où le câble, devenu fautif, aurait dû être relevé et réparé.

La machine de l'avant était tout à fait nouvelle et très puissante. Elle était mise en mouvement par deux machines de 80 chevaux, à bielles rentrantes du système de MM. Penn et fils, et consistait en une paire de tambours de 1^m80 de diamètre chacun, placés sur des arbres parallèles et à très peu de distance l'un de l'autre. Chacun de ces tambours était muni d'un frein puissant, mis en mouvement par un engrenage placé entre eux et la machine ; cet engrenage permettait de communiquer aux tambours deux vitesses diffé-rentes. Le câble était lui-même amené aux tam-

(1) Le relèvement fut en réalité effectué comme suit : Le 31 août, le *Great-Eastern* accrocha le câble deux fois : la première, il le souleva à 860 brasses du fond et le soulagea par une bouée ; puis il l'accrocha une seconde fois à 3 milles à l'ouest, et put heureuse-ment le haler à bord.

bours de halage par une série de poulies aboutissant à la grande poulie de l'avant, qui était fixée
au navirepar de longues poutres consolidées par
des consoles en fer.

III. — Atterrissement des bouts côtiers.

Cette opération , dont nous n'avons pas eu
l'occassion de parler jusqu'ici, ne peut se faire
qu'au moyen de chalands ou de bateaux plats
pouvant accoster convenablement les parages
où le câble doit atterrir. Lorsque la marée est à
son point culminant, on peut, au moyen de bateaux d'un faible tirant d'eau , décharger le
câble à la mer et le retrouver à la marée basse.
Il est parfois nécessaire d'employer des barques;
mais presque toujours les ouvriers doivent se
mettre à l'eau dans le voisinage du point d'atterrissement. Cette opération varie évidemment
suivant les circonstances et les localités.

Souvent le gros câble de la côte est posé par
un navire spécial, surtout quand il doit s'étendre
à une grande distance en mer, comme cela était
le cas pour les câbles de l'Atlantique. Le steamer
Caroline avait posé le bout côtier de 1865, et le
William-Cory opéra la pose du second bout côtier
en 1866; du bord de ces navires, le câble était
transmis à la côte d'abord par deux grandes
chaloupes, puis par des canots, et enfin à main
d'homme.

Une fois à terre, de profondes tranchées,
creusées sur la plage, reçoivent le câble, qui
est ensuite recouvert et amené jusqu'au pied du
premier poteau qui doit le relier à la ligne télé-

graphique de terre. On l'engage dans une profonde rainure ménagée dans le poteau, et avant de le relier à la ligne terrestre, on fait intervenir un paratonnerre.

Paratonnerre de M. Siemens.

L'appareil le plus employé maintenant pour protéger les câbles de la foudre, est celui de de MM. Siemens et Halske ; il consiste en deux plaques de métal, massives, plates et rugueuses, que l'on recouvre d'une très légère couche de de vernis. Une de ces plaques communique avec la terre et l'autre est dans le circuit de la ligne. Elles sont simplement posées l'une sur l'autre; mais quatre petits morceaux de vulcanite, de très peu d'épaisseur, les séparent et laissent une mince couche d'air entre les deux surfaces. Lorsque le câble a plusieurs conducteurs, on met à la terre une plaque plus large, sur laquelle vient reposer de la même manière chacune des plaques plus petites, communiquant avec chaque fil de la ligne, et que l'on maintient isolée des voisines par un certain espace. La décharge d'électricité atmosphérique passe facilement à travers la couche d'air et le vernis, en un ou plusieurs des points rugueux de la surface qui se trouvent les plus rapprochés. Cet arrangement simple et peu coûteux, peut subsister longtemps sans être renouvelé, car, à moins que les plaques ne soient entièrement fondues par le fluide, elles laissent toujours la communication établie entre les fils du câble et la ligne de terre, ce qui n'a pas lieu dans beaucoup d'autres systèmes de paratonnerre.

Les bouts côtiers des câbles de l'Atlantique sont exposés à un danger particulier, dans le voisinage de leurs points d'atterrissement à Terre-Neuve. Plusieurs interruptions se sont déjà produites par cette cause, qui résulte des glaces qui flottent du pôle vers l'équateur.

Les dimensions, parfois énormes, de ces glaçons leur permettent d'atteindre le fond de la mer, et de détruire les câbles qu'ils viennent à rencontrer.

En effet, « si la hauteur d'un glaçon est con-
« sidérable au-dessus de la ligne de flottaison,
« il faut qu'il soit aussi très développé en des-
« sous. La profondeur d'immersion d'un glaçon
« doit être à peu près double de la hauteur au-
« dessus de l'eau, si la glace est pure. Mais des
« sables et des rochers s'y mêlent souvent, et
« un bloc élevé de 100^m au-dessus de l'eau qui
« le porte, peut avoir 5 ou 600 mètres au-des-
« sous. » (P. de Rémusat.)

En outre, cette masse plongeant, à sa partie inférieure, dans une eau dont la température est constamment supérieure à celle de la glace, elle fond graduellement par la base, dont les bords deviennent tranchants par ce fait et à cause de la marche, et peuvent couper un câble avec autant de netteté qu'une forte cisaille.

Malgré l'équilibre instable des bancs de glace, leurs bords inférieurs doivent souvent raser la surface du sol et déterminer la section du câble. Il faut donc s'attendre à voir se renouveler, presque périodiquement, les accidents dus à cette cause.

Le bout côtier du câble de Brest à St-Pierre repose, à partir du Petit-Minou, sur des fonds rocheux qu'il a été impossible d'éviter. Bien que ce câble soit extraordinairement gros, les vagues de l'Atlantique détermineront probablement des déchirements sur le sol accidenté et très rugueux qu'il a fallu traverser.

Dans des profondeurs de ce genre, une réparation s'opère promptement et sans grandes difficultés, et n'exige qu'un temps calme. Les actionnaires de la nouvelle Compagnie n'auront donc pas beaucoup à se préoccuper de ces accidents, s'ils surviennent.

QUATRIÈME PARTIE.

Exploitation.

I. — Coût de l'entretien des câbles. — Produits.

Le coût moyen de l'entretien des câbles, pour les Compagnies du télégraphe sous-marin et du télégraphe électrique et international, est, depuis plusieurs années, de fr. 200 à 225 par mille, sans y comprendre le prix du renouvellement des câbles, qui doit être pris sur un fonds spécial.

La dépense des réparations, sur le câble de Malte à Alexandrie, n'a pas été publiée. Ce câble est maintenant abandonné et remplacé par une ligne neuve construite spécialement pour le terrain sur lequel elle repose. Le nouveau câble, long de 900 milles nautiques, se rattache à une ligne terrestre spéciale qui s'étend de Suse à Modica en Sicile, sur une longueur de plus de 2,000 kilomètres. Cette ligne est entièrement exploitée par les employés de la Compagnie, à qui elle appartient, et forme la première section d'un réseau qui s'étendra, par Suez et la mer

16

Rouge, jusqu'à Bombay, et peut-être ensuite jusqu'à l'Australie.

Le calcul des recettes, basé sur l'expérience déjà faite sur l'ancien câble, promet un profit net de 15 0/0 sur le capital.

L'ancien câble d'Alexandrie a produit jusqu'à 75,000 fr. dans une semaine, ce qui représente 2,925 fr. par mille et par an. Dans une année, le produit a dépassé 2,250,000 fr. ou 1,700 fr. par mille. En tenant compte des interruptions, qui ont été très nombreuses, le produit moyen par année était de 1,600,000 fr., soit 1,200 fr. par mille.

Le câble du golfe Persique produit plus de 2,500,000 fr. par an, soit 2,125 fr. par mille.

Les câbles de ce genre coûtent, une fois posés, de 7,500 à 10,000 fr. par mille nautique.

La ligne Indo-Européenne n'a, d'ailleurs, jamais fonctionné dans de bonnes conditions, puisqu'elle aboutit, aussi bien aux Indes qu'en Mésopotamie, à des lignes terrestres mal exploitées, où de fréquentes interruptions causent des retards et des incertitudes préjudiciables.

Les recettes moyennes de la Compagnie du télégraphe sous-marin, entre l'Angleterre et l'Europe, ont été, pendant les dernières années, de 2,125 fr. par mille de câble, ou 650 fr. par mille de fil isolé.

Le revenu des câbles de l'Atlantique a depuis longtemps parfait le prix de ces câbles, tout en permettant de payer un gros dividende aux actionnaires. La Compagnie du télégraphe anglo-américain, qui a exploité ce privilége depuis trois ans, sans être gênée par aucune concurrence, a pu, sans diminuer aucunement ses revenus, réduire ses tarifs plusieurs fois.

Lorsque la dépêche simple coûtait f. 500, les recettes journalières montaient à f. 12,625.

Lorsqu'elle fut réduite au prix de f. 250, les recettes produisirent f. 14,475 par jour.

Le tarif fut ensuite réduit à f. 131.25, produisant journellement f. 15,875 ; puis à f. 83.75, donnant une recette journalière de f. 16,250.

C'était une progression très satisfaisante qui engagea la Compagnie à abaisser son tarif jusqu'à f. 50 pour la dépêche simple ; mais depuis lors, les recettes journalières ne dépassent plus f. 13,000, bien qu'elles soient encore au-dessus de celles qui résultaient du premier tarif.

Les deux câbles de l'Atlantique peuvent transmettre 1,500 dépêches par jour, et chaque câble donne une moyenne de 16 à 17 mots par minute. Les transmissions peuvent même atteindre avec sécurité 19 et 20 mots par minute, suivant les employés. La pile utilisée est parfois portée à 20 éléments, mais ne dépasse jamais ce nombre; tandis que, pour les transmissions par le câble de 1858, on en avait employé de 50 à 500.

Dans une occasion, M. Latimer-Clark fit joindre les deux câbles à Terre-Neuve, formant ainsi un circuit métallique continu de 3,700 milles nautiques, dont une extrémité fut attachée à un galvanomètre Thomson à Valentia, tandis que l'autre communiquait à une petite pile, formée de deux petits morceaux de zinc et de cuivre, plongés dans de l'acide sulfurique contenu dans un dé à coudre en argent. Des signaux très distincts purent parcourir ce circuit immense en une seconde environ, et furent perçus sur le galvanomètre Thomson , avec des déviations d'une amplitude parfaitement suffisante à la lecture des signaux.

II. —|*Système de transmissions à adopter.*

Un câble télégraphique est une bouteille de Leyde qui doit être chargée à un certain degré de saturation avant que des signaux puissent se manifester à son extrémité. Le degré auquel ce câble doit être chargé dépend de l'étendue de la surface inductive comparée à la conductibilité du cuivre. Dans un câble de peu de longueur, où la conductibilité du conducteur est très grande comparée à la surface inductive, la charge statique n'est pas très grande, et les signaux passent vite.

Dans les câbles très longs, au contraire, la résistance du conducteur est grande et le fil devra être chargé d'électricité à un degré assez élevé, avant qu'un courant perceptible arrive à son extrémité. Les signaux se produiront alors dans des proportions beaucoup plus lentes.

Il eût été impossible de transmettre des signaux à travers les longs câbles de l'Atlantique, avec une vitesse rémunérative, sans la découverte de Faraday : que plusieurs vagues d'électricité peuvent coexister et se suivre dans un long câble, et qu'elles peuvent augmenter considérablement, dans un temps donné, le nombre des impulsions du courant, et par conséquent activer les transmissions.

Si donc il est possible de se servir d'un morse ordinaire, ou de tout autre instrument donnant simplement des courants positifs, sur un câble de peu de longueur, il ne peut en être de même sur les câbles sous-marins d'une grande longueur, où, comme Thomson l'a démontré, la retardation des signaux est en raison directe du carré de la longueur.

De tous les appareils autrefois employés à la transmission des signaux à travers les grandes lignes sous-marines, le plus usité était le morse ordinaire à relais Siemens, dont la clef, du système de M. Loeffler, pouvait transmettre une sucession de courants positifs et négatifs. Ce courant négatif, qui succédait immédiatement au courant positif, neutralisait l'induction et rendait le fil apte à la réception d'un second signal.

Ce système, adopté sur les câbles du golfe Persique et de Malte à Alexandrie, fonctionne bien sur ces lignes, et nous nous abstenons d'en donner la description, que l'on trouvera dans les ouvrages de MM. Dumoncel, Gavarret et Blavier.

Mais il ne pouvait être adopté pour les câbles de l'Atlantique, car, bien que le code morse ait été conservé sur ce câble, il ne se produit pas de la manière ordinaire, car la formation de traits et de points empêcherait l'égalité des signaux, qui doivent être tous égaux en longueur, afin que la charge puisse être maintenue constante entre chacun d'eux. Or, on obtient cette condition en produisant des points ; mais si on les alternait avec des traits, ces derniers chargeraient le câble avec plus d'intensité, et nécessiteraient un courant renversé de plus longue durée pour réduire la charge.

Un bon câble peut fonctionner avec très peu d'éléments en circuit, car le courant n'est pas sensiblement affaibli par la résistance du conducteur, et d'ailleurs la proportion de perte subie par les pores de l'isolement est d'autant plus insignifiante, que le courant est plus faible. On peut n'employer que quatre éléments pour les communications par les câbles de l'Atlantique.

Le courant est généralement renversé après chaque signal qui se produit sur un galvanomètre Thomson. Le courant zinc doit être renversé par un courant cuivre ayant environ les deux tiers de la tension de celui qui l'a précédé. Il n'est pas nécessaire, pour former les signaux, que chaque onde électrique atteigne son maximum, ni que le câble soit complétement déchargé, mais seulement qu'une différence suffisante se produise dans la tension de l'extrémité qui reçoit pour que l'appareil en soit affecté. Sur les galvanomètres de Thomson, une variation d'environ un pour cent suffit pour produire un signal.

La méthode employée sur les câbles atlantiques ressemble en fait à celle de l'appareil Wheatstone à une aiguille où la déviation se produit de droite à gauche, quand le courant va du cuivre au zinc, et de gauche à droite, quand il va du zinc au cuivre. Les signaux de droite indiquent les points, ceux de gauche les traits du code morse, et les transmissions s'opèrent au moyen d'une clef double qui renverse les signaux transmis de la manière que nous avons indiquée.

Les deux câbles, lorsqu'ils sont tous deux en bon état, fonctionnent en un seul circuit métallique, dont l'un sert aux transmissions, et l'autre aux réceptions, et *vice versâ,* pour chaque station. On évite ainsi la différence des tensions de la terre aux deux extrémités du câble, différence qui se traduisit au début par des courants d'induction naturelle qui occasionnèrent de grandes difficultés, car dans une certaine circonstance ils empêchèrent toute communication pendant huit heures consécutives.

C'était pour remédier à cet inconvénient, et aussi à la lenteur des transmissions, que M. Varley avait devisé le système suivant, qui lui fut suggéré par le mode d'épreuves continues inventé par M. Willoughby Smith.

La méthode de M. Varley ne fut pas définitivement adoptée, parce que, étant brevetée, elle donna lieu à des réclamations auxquelles la Compagnie du Télégraphe anglo-américain voulut d'autant moins se soumettre, que la première méthode était très suffisante.

L'arrangement de M. Varley est néanmoins extrêmement remarquable par sa simplicité, et le succès immédiat qui a couronné son application à bord du *Great-Eastern*, où l'on était fatigué de la lenteur des communications à travers le câble enroulé dans les réservoirs, frappa d'étonnement les électriciens eux-mêmes, qui devaient cependant être préparés à toutes ces merveilles.

L'appareil de transmission consiste (Pl. II, *fig.* 27) en une pile de tension très faible B, qui est constamment en communication avec le câble au moyen d'une clef K destinée aux transmissions. Le câble est donc chargé d'une façon perm anente à la tension de la pile. La clef permet de mettre temporairement le câble à la terre, de manière à le décharger partiellement ou complétement.

L'appareil de réception se compose d'un galvano mètre Thomson, dont un côté communi que avec le câble, et l'autre avec un condensateur C, par la série des feuilles métalliques intérieures ; tandis que la série des feuilles extérieures de ce condensateur est en contact avec la terre. R est une bobine de très grande résistance, établissant une perte faible, mais constante, du câble à la terre. Dans les conditions indiquées par la figure, le câble est préparé à recevoir des signaux, car il est chargé à une tension égale à celle de la pile, et le condensateur l'est également, mais à une tension moindre et égale à celle qui se fait sentir au point *o*. Grâce, cependant, à la résistance R (qui pratiquement est presque infinie), ces deux tensions sont à peu près égales. Supposant donc le câble entièrement déchargé, ainsi que le condensateur, le galvanomètre G reste au repos ainsi que tout l'appareil. Mais si la clef K est mise en contact avec la pile, une onde électrique se précipite dans le câble, et une quantité, égale à la capacité du condensateur, traverse le galvanomètre, dont l'indicateur lumineux est dévié jusqu'à ce que le condensateur soit complétement chargé à la même tension que le point *o*. A ce moment l'aiguille du galvanomètre retombe à zéro.

Il est évident que toute variation dans la tension du point *o* causera immédiatement une altération de la charge du condensateur C, et qu'il en résultera des indications sur le galvanomètre, provenant des quantités de charge électrique qui, en passant au dedans ou au dehors, agiront sur l'aimant si sensible qui se trouve fixé au dos du petit miroir réflecteur de cet instrument. Ce résultat s'obtient par la pression plus ou moins prolongée de la clef K, et en formant des points et des traits à la manière usuelle de l'alphabet morse. Ces contacts mettent le câble en communication avec la terre, et retirent une portion de la charge, occasionnant de la sorte, et pendant un temps correspondant, l'abaissement de la tension du point *o*.

La tension en *o* devenant inférieure à celle du condensateur, il s'ensuit le passage d'un courant à travers G, qui donne en conséquence une indication correspondant à la dépression de la clef K.

Les mouvements ne sont point cependant isochrones; la dépression du point de tension doit en effet se produire comme une onde; mais ces mouvements sont à peu près d'une durée égale et prouvent que, contrairement à ce que l'on attendait, les effets de la prolongation ne sont pas irrémédiables. Les déviations de l'aiguille peuvent se produire et se succéder avec une grande rapidité, et il en est résulté que les communications pouvaient être maintenues à travers les câbles atlantiques, avec une vitesse dépassant de beaucoup celle que l'on pourrait atteindre sur n'importe quelle ligne terrestre de même longueur. Cette vitesse était en moyenne de 12 mots par minute, soit une lettre par seconde, et elle fut fréquemment dépassée.

En concluant, nous désirons appeler l'attention des lecteurs qui nous ont suivi jusqu'ici, sur les perfectionnements que plusieurs années de recherches patientes et d'investigations scientifiques ont apporté dans les matériaux employés à la construction des câbles, aussi bien que dans les appareils et dans les méthodes inventées pour la pose et l'exploitation des câbles télégraphiques.

Le cuivre des conducteurs est maintenant de 20 à 30 pour cent meilleur en qualité qu'il ne l'était il y a une dizaine d'années ; la qualité de la gutta-percha a aussi été améliorée environ douze fois, et de nouvelles substances isolantes meilleures paraissent devoir lui être substituées dans un temps prochain.

Les jointures sont maintenant faites avec le plus grand soin, et les épreuves électriques auxquelles elles sont soumises ne permettent à aucune de celles qui n'atteindraient pas un degré parfait d'isolement de s'introduire dans les câbles.

Les méthodes employées pour s'assurer de la bonne qualité des matériaux des câbles et les instruments délicats et si bien construits dont on se sert à cet effet, permettent des mesurements exacts et définis, en fonction d'une unité déterminée et invariable.

Le choix du fer, de l'acier, du chanvre, et le soin apporté à leur conservation sous l'eau et à prévenir leur détérioration, permet aussi d'espérer que ces matériaux se montreront moins périssables que par le passé.

Enfin, les machines si efficaces employées pour la pose et le relèvement des câbles, les méthodes d'épreuves électriques qui permettent une précision mathématique dans la détermination des points fautifs, la méthode de M. Willoughby Smith, dont on ne saurait trop apprécier la valeur, et qui fait connaître d'une façon permanente la manière d'être et l'état électrique du câble pendant la pose, tout fait espérer que les grands câbles, dont la durée se compte déjà par plusieurs années, sont dans des conditions de permanence certaine, et que d'autres lignes télégraphiques aussi importantes que celle qui doit relier prochainement la France à l'Amérique, pourront, dans un temps prochain, être construites par l'industrie nationale, et être établies avec le plus grand succès par nos ingénieurs et notre marine.

APPENDICE

Renseignements sur divers câbles importants et sur des spécimens de forme nouvelle ayant chance d'adoption.

N. B. — Les dimensions sont en millimètres et les poids en kilogrammes.

I. — *Premier câble de l'Atlantique.*

Poids du conducteur par mille nautique, 42 k. Un toron composé de sept fils de 0.6 de diamètre. Diamètre du toron, 2.1. Poids de la gutta-percha au mille nautique, 117 k. Diamètre de l'âme, 9.0, recouverte de chanvre goudronné au diamètre 12, puis de 18 cordelettes composées de 7 fils d'acier de 0.6 de diamètre. Diamètre du câble complet, 16.0. Poids du fer par mille, 788 k. Poids total du câble par mille : dans l'air, 1193.7; dans l'eau, 821.5. Longueur posée en 1858, 2,022 milles nautiques. (*Fig.* 1, page 196.)

II. — *Câble de la mer Rouge.*

Poids du conducteur par mille nautique, 81.54. Un toron composé de sept fils de 0.96 de diamètre.

Diamètre du toron, 2.6. Poids de la gutta-percha par mille nautique, 95.5 ; diamètre de l'âme, 8.6, recouverte de chanvre goudronné au diamètre 10, et de 18 fils de fer de 1.6. Diamètre du câble complet, 14. Poids du fer par mille, 806 k. Poids total du câble, 943.75. Longueur posée en 1859 et 1860, 3,500 milles nautiques.

III. — *Câble de Malte à Alexandrie.*

Poids du conducteur, 181.2. Un toron de sept fils, 1.30 de diamètre. Diamètre du toron, 3.88. Poids de la gutta-percha par mille nautique, 181.2 ; diamètre, 11.86 ; l'âme est recouverte de chanvre au diamètre 14.3, et de 18 fils de fer de 3.05. Diamètre total du câble, 21.5. Poids du fer par mille nautique, 1.705 k. Poids total du câble, 2.162 k. Longueur posée en 1861, 1,330 milles nautiques. (*fig.* 29).

IV. — *Câble du golfe Persique.*

Poids du conducteur, 101.925, six segments s'emboîtant l'un dans l'autre et étirés dans un tube ayant un diamètre de 2.79. Poids de la gutta-percha, 124.57 ; diamètre, 9.65. Ame recouverte de chanvre tanné au diamètre de 14.2, et de 12 fils de fer galvanisés de 4.88. Diamètre du câble en fer, 22.87, recouvert d'un mélange de chanvre et bitume, au diamètre 31.75. Poids du fer, 3,106 k. Poids du câble complet par mille nautique, 3,786. Longueur posée en quatre sections en 1864, 1,245 milles nautiques (*fig.* 30, Pl. ii).

V. — *Câbles de Port-Vendres à Alger, et de Toulon à Ajaccio.*

Poids du conducteur, 42 k.; un toron de sept fils de 0.6 de diamètre. Diamètre du toron, 2.15. Poids de la gutta-percha par mille nautique, 110.19. Diamètre de l'âme, 8.60, recouverte de chanvre goudronné au diamètre 11.3, puis de 10 fils d'acier dont chacun est enveloppé de 4 filins de chanvre de Russie, tordus et goudronnés. Diamètre du fil d'acier, 2.15; diamètre de la cordelette, chanvre et acier, environ 5. Diamètre du câble complet, 20. Poids par mille dans l'air, 1320.5. Longueur des deux câbles posés en 1860 ét 1861, 715 milles nautiques. (*Fig.* 34, Pl. II.)

VI. — *Câble de l'Angleterre à la Hollande.*

Quatre conducteurs solides, pesant chacun 64.350 par mille nautique. Diamètre du fil simple, 2.41. Poids de la gutta-percha, 100.35; diamètre de l'âme, 8.6. Les 4 fils sont tordus avec des filins de chanvre en un cordage recouvert ensuite de chanvre goudronné au diamètre de 27, puis de 10 fils de fer au charbon de bois, ayant chacun 9.62. Diamètre total du câble, 40. Poids par mille nautique, 10,483^{k}200.

Le bout côtier est composé de 15 fils de fer de 5.5 de diamètre; ce premier câble est recouvert de chanvre saturé de suif russe, puis de 12 torons formés chacun de 3 fils de 5.5 de diamètre. Le câble ainsi formé a un diamètre de 55, et est enfin recouvert d'une enveloppe de chanvre et bitume qui porte son diamètre total à 63. Le poids par mille nautique est de 19,556ᵏ800, et la longueur du câble posé en 1862 est de 130 milles nautiques, dont 20 de câble côtier.

VII. — *Second câble Atlantique.*

Poids du conducteur, 135 k.; un toron de sept fils de 1.26 de diamètre. Diamètre du toron, 3.735. Poids de la gutta-percha par mille nautique, 181.2; diamètre de l'âme, 11.86, recouverte de chanvre tanné au diamètre 16, puis de 10 fils d'acier Webster et Horsfall, enveloppés de 5 filins de jute goudronnée. Diamètre du fil d'acier, 2.41, de la cordelette de chanvre et acier, environ 7.75. Poids du filin par mille, 695.120; du fil d'acier, 641.98; du chanvre tanné entourant l'âme, 122. Le pas d'hélice du filin a une longueur de 76. Diamètre du câble complet, 28. Poids du câble par mille nautique dans l'air, 1776.25; dans l'eau, 705.6. Résistance à la rupture, 7.207, ce qui dépasse onze fois le poids par mille du câble dans l'eau. Ce câble peut, en conséquence, supporter son propre poids vertical, dans une profondeur de 11 milles nautiques, ou environ 20.5 kilomètres. La plus grande profondeur est de 4,387 mètres, et la longueur totale du câble posée en partie en 1865, puis réparée et complétée en 1866, est de 1,896 milles marins (1). (*Fig.* 2, au dos.)

(1) La superficie du cuivre employé dans les deux câbles de l'Atlantique, est en moyenne de 82,823 mètres carrés, et celle de la gutta-percha de 230,605 mètres carrés.

Pour la côte, ce câble est recouvert de chanvre goudronné au diamètre de 40, puis de douze torons de 3 fils de fer galvanisé de 5.4 chacun. Le diamètre du câble ainsi formé est de 57, et son poids par mille nautique d'environ 19,460 k. Il y a dix milles nautiques de ce câble sur chaque côte, et ces vingt milles sont compris dans la longueur donnée ci-dessus.

Fig. 1.　　　　Fig. 2.　　　　Fig. 3.

VIII. — *Troisième câble de l'Atlantique.*

Mêmes poids et dimensions que ci-dessus pour le conducteur, la gutta-percha et le chanvre tanné. Les fils d'acier homogène sont galvanisés et entourés de filins de jute tordus et non goudronnés. Le poids du câble par mille nautique est, dans l'air, 1522.5, et dans l'eau, 743.4. La résistance à la rupture est de 8,604 k., et la longueur posée en 1866 de 1,852 milles nautiques. (*Fig.* 3 ci-contre.)

Pour la côte, l'âme est recouverte de plusieurs enveloppes de chanvre tanné, lui donnant un diamètre de 35, puis de 12 gros fils de fer de 14.0, formant un câble métallique du diamètre de 57.0. Ce câble est ensuite recouvert de chanvre et bitume au diamètre de 65. Le poids par mille nautique de ce câble est d'environ 20.000 k., et les bouts côtiers ont chacun 10 milles de long.

IX. — *Câble anglo-prussien de la Cie Reuter (Lowestoft-Norderney).*

Quatre conducteurs torons de 7 fils ; diamètre de chaque fil, 0,69 ; du toron, 2.21 ; poids du toron par mille nautique, 48,27. Poids de la gutta-percha, 67.95 ; diamètre, 7.11.

Les 4 fils tordus avec du filin de chanvre tanné en un cordage recouvert de chanvre tanné jusqu'au diamètre 22.0, puis de 12 fils de fer galvanisé du diamètre de 7.75. Diamètre du câble en fer, 38, recouvert de deux couches de chanvre et bitume au diamètre total de 49. Poids du fer par mille, 8,123 k. ; du câble complet, 11.104 k.

17.

Longueur posée en 1866, 232.25 milles nautiques.

Pour la côte, l'âme est recouverte de chanvre tanné au diamètre 22.0, puis de 15 fils de fer galvanisé de 5.5. Ce câble en fer a 31 de diamètre, et est recouvert de chanvre saturé de suif russe, puis de 12 torons formés chacun de 3 fils de fer galvanisé de 5.5. Le diamètre du câble ainsi formé est de 55, et son poids par mille, 20,160 k. Il y en a 10 milles sur chaque côte (*fig.* 34, Pl. II.)

X. — *Câble recouvert de cuivre de Siemens.*

Conducteur, un fil solide de cuivre, pesant 249.150 par mille ; isolement du poids de 190 kil. Diamètre de l'âme, 13, entourée de cordelettes de chanvre étiré, pesant 199 k., et d'une armure en cuivre phosphorisé, pesant 305.75. Diamètre du câble complet, 19.05.

XI. — *Câble proposé par M. Allan.*

Conducteur, un fil solide de cuivre de 2.9 de diamètre, pesant 108 k. par mille, environné de 19 fils d'acier de 0.5 de diamètre chacun, et pesant ensemble 54 k. au mille. Diamètre total du conducteur ainsi formé, 4.0, recouvert de 135 k. de gutta-percha au diamètre 11.5, puis d'une toile goudronnée donnant à l'ensemble du fil un diamètre de 13.25.

CABLE DE BREST A SAINT-PIERRE-MIQUELON (grandeur vraie.)

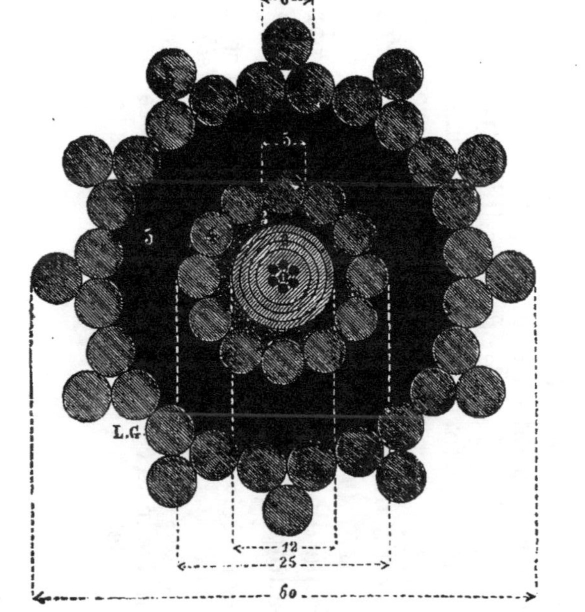
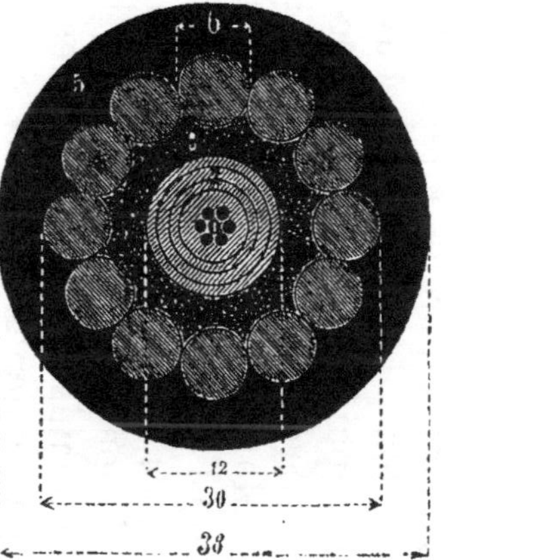

Fig. 4. CABLE COTIER.

1. Toron de cuivre.
2. Enveloppes de gutta-percha et de composition Chatterton.

Fig. 5. CABLE INTERMÉDIAIRE.

3. Jute goudronné.
4. Fils de fer et chanvre.

Fig. 6. CABLE PROFOND.

5. Chanvre goudronné ou chanvrebituminé.
6. Fils de fer galvanisés.

XII. — *Câble de Brest à Saint-Pierre-Miquelon* (1).

Poids du conducteur par mille nautique, 181. Un toron composé de 7 fils ayant chacun 1.30 de diamètre. Diamètre du toron, 3.88. Poids de la gutta-percha au mille nautique, 181 k. Diamètre, 11.86. Enveloppe formée de quatre couches concentriques de gutta-percha, alternées de composition Chatterton. L'âme est recouverte de jute goudronné, puis de 10 fils de fer homogène galvanisés, revêtus eux-mêmes de 10 filins de chanvre de Manille goudronné, formant une hélice autour de l'âme. (*Fig.* 6.)

Le câble intermédiaire se compose d'une première enveloppe de jute goudronné, puis de 12 fils de fer galvanisés de 6 millimètres de diamètre et de deux couches de chanvre imprégné de bitume silicatisé de MM. Bright et Clark. (*Fig.* 5.)

Le bout côtier, long de 10 milles à Brest et de 30 à Saint-Pierre, se compose d'une première couche de jute goudronné, puis d'une enveloppe de 12 fils de fer de 5 millimètres, sur lesquels vient se former une seconde enveloppe de chanvre goudronné, et enfin de 12 torons de chacun 3 fils de fer galvanisés de 6 millimètres de diamètre. (*Fig.* 4.)

Le câble d'atterrissement pèse 20 tonnes par mille nautique ;

(1) Les renseignements que nous donnons ici sont en partie extraits du n° 13 des *Annales industrielles*, et nous devons à l'obligeance de M. Cassagnes, ingénieur, directeur de ce recueil, d'avoir pu insérer dans cet ouvrage les clichés des câbles atlantiques français.

CABLE DE SAINT-PIERRE-MIQUELON A DUXBURY PRÈS BOSTON (grandeur vraie)

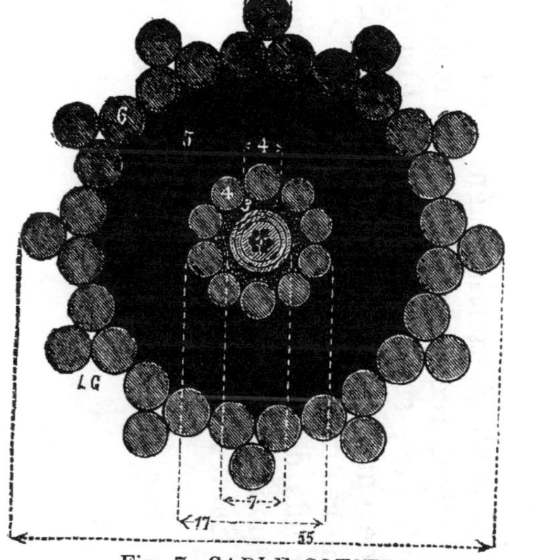

Fig. 7. CABLE COTIER.
1. Toron de fil de cuivre.
2. Enveloppes de gutta-percha.

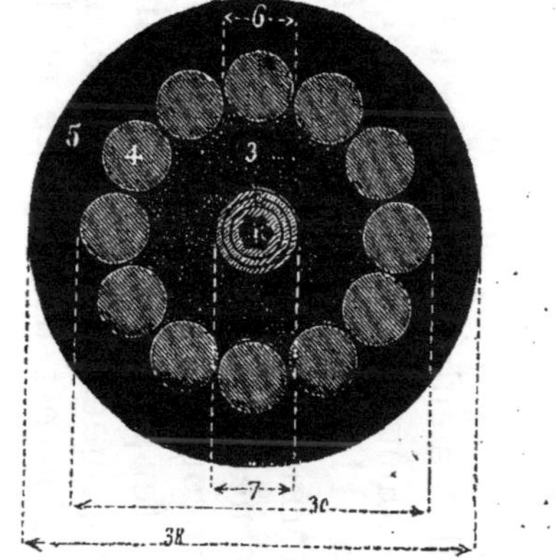

Fig. 8. CABLE INTERMEDIAIRE.
3. Jute goudronné.
4. Fils de fer.

Fig. 9. CABLE PRINCIPAL.
5. Chanvre et bitume ou chanvre et goudron.
6. Fils de fer galvanisés.

Le câble intermédiaire, 6 1/3 par mille,
Et le câble profond, 1 3/4 par mille.
La plus grande profondeur atteinte est de
2,760 brasses de 1ᵐ83.

XIII. — *Câble de Saint-Pierre à Duxbury.*

Ce câble a été fabriqué par la maison Henley,
de North-Woolwich. L'âme est formée d'un
toron de 7 fils de cuivre pesant 88 kil. par mille
nautique. Diamètre du toron, 2.6. Poids de la
gutta-percha, 114 kil. au mille. Diamètre, 8.9.
Enveloppe formée de quatre couches de gutta-
percha alternée de composition Chatterton.
L'âme est recouverte de jute goudronné, puis
de 10 fils de fer galvanisés de 4 millimètres de
diamètre, appliqués en hélice. Le câble ainsi
formé est recouvert de chanvre et de bitume.
(*Fig.* 9.)
Le câble intermédiaire est formé de jute et
de 12 fils de fer galvanisés de 6 millimètres de
diamètre, puis de composition Bright et Clark.
(*Fig.* 8.)
Enfin le câble d'atterrissement est formé du
câble principal, recouvert d'un matelas épais de
jute goudronné, sur lequel viennent abuter 12
torons de chacun 3 fils de fer galvanisés de
5 millimètres de diamètre. (*Fig.* 7.)
Les poids de ces câbles sont à peu près les
mêmes, pour cette section, que pour celle de
Brest à Saint-Pierre.

Système d'épreuves et mode de communication employés pendant la pose du câble de l'Atlantique, en **1866**.

—

Connexions à la côte (fig. 25, Pl. II).

S est un commutateur que l'on peut mettre en communication à volonté avec 1, 2 et 3.

Le câble est toujours en communication avec la résistance de Smith, à travers laquelle passe un faible courant qui dévie l'aiguille du galvanomètre G, et montre, par l'amplitude de cette déviation, quel est l'état de l'isolement dans le câble, ou plutôt la tension en S.

Lorsque S est mis en contact avec 1 comme le dessin l'indique, le condensateur n° 1 accumule la charge du câble. On peut le décharger à la terre et à travers le galvanomètre G_1, en manœuvrant la clef K. Cette décharge est une seconde épreuve de la tension en S. Elle cause un mouvement, en avant, du courant appliqué sur le câble à bord, et un changement momentané de la déviation du galvanomètre du navire. Cette décharge est donc en même temps une épreuve de la continuité du câble, qui indique au navire que le fil conducteur est parfait. Cette épreuve aurait pu servir aussi de moyen de communication entre le navire et la côte, puisque deux condensateurs, de capacités différentes, auraient donné deux signaux d'amplitude différente, qui auraient pu servir de base à la combinaison d'un code ou alphabet de signaux.

Lorsque S communique à 2, et que le second commutateur D est sur 1, le courant venant du câble chargera le condensateur n° 2, de même que si la tension de la plaque inférieure est changée en renversant les contacts de la clef K_1, que l'on mettra alternativement en communication avec chaque pôle de la pile $c\,z$, il se produira dans le câble des charges d'induction qui seront alternativement positives et négatives, et qui, s'ajoutant à la charge originelle du navire, ou la diminuant, causeront des courants en avant ou en arrière qui se remarqueront sur le galvanomètre du bord et pourront servir de signaux.

Pareillement, si le commutateur D est sur 2 et met en communication la seconde plaque du condensateur avec le galvanomètre G_2, tout changement de tension de la plaque supérieure du condensateur n° 2, causé par la pile du navire, induira des changements correspondants dans la charge de la seconde plaque, et il en résultera des mouvements à droite et à gauche sur le galvanomètre G_2, et ces mouvements serviront à produire des signaux.

Le câble peut être mis en contact en S avec le troisième bouton 3 communiquant avec l'électromètre E, et sa tension peut être mesurée par comparaison avec celle d'un point quelconque de bobines de résistance ajustées comme un vernier, et à travers lesquelles passe un courant venant de la pile P.

Ce courant est maintenu constant au moyen de la résistance R, que l'on ajuste de façon à maintenir constante la déviation du galvanomètre G_3.

La tension aux points successifs de la résistance inférieure en R, peut être désignée en unités arbitraires 10. 20. 30. . . . . . 100, et si l'électromètre était directement en communication avec ces bobines, il n'indiquerait qu'une exactitude de 10 parties sur 100 de la tension du câble en fonction de la même unité arbitraire. Afin d'obtenir une exactitude plus grande, d'autres bobines de résistance ayant chacune la valeur d'un cinquième de chacune des bobines correspondantes qui se trouvent en dessous, sont jointes aux autres de manière à pouvoir franchir deux valeurs consécutives des dizaines. Ces bobines, au nombre de onze, sont toutes égales, en sorte que la résistance entre A et B sera toujours au moins de 10 unités. Les dix bobines supérieures y ajouteront les subdivions de la tension existant entre les deux bobines franchies. Ainsi, dans notre dessin, si nous appelons zéro la tension de B, et 100 la tension de A, la tension de X sera 74. Les pièces mobiles X et Y glissant à droite et à gauche, permettent de déterminer, par ces mouvements, la tension qui contrebalance exactement celle du câble. Dans les bobines employées en 1866, il y avait en réalité 101 bobines égales en dessous, et au-dessus cent bobines toutes égales à la $\frac{1}{50}$ partie des bobines inférieures. Ainsi la tension entre A et B pouvait se subdiviser en 10.000 parties égales.

Connexions à bord du Great-Eastern (*fig.* 26, Pl. II).

La figure, en supposant la communication établie par des chevilles métalliques en P_1 et

18

P_2, représente un pont de Wheatstone dont les quatres branches sont : 1° une résistance variable R_1, entre Z et W ; 2° partie de la résistance vernier, qui se trouve entre Z et X ; 3° le reste de cette même résistance, qui se trouve entre X et Y, et 4°, enfin, l'enveloppe isolante du câble entre le conducteur Y et la terre Y_1. G est le galvanomètre de la balance, diminué par une dérivation S lorsqu'il est besoin.

La résistance de l'isolement est donc égale à $R_1 \times \dfrac{X\,Y}{X\,Z}$, ou si nous appelons 33 la résistance vernier, comme l'indique le dessin, la résistance de la gutta-percha sera égale à $R_1 \times \left(\dfrac{100}{67} - 1 \right)$

A bord du *Great-Eastern*, où les 100 bobines étaient égales, on multipliait la résistance R_1 par 10,000, on la divisait par la lecture du vernier, et on retranchait 1 du quotient.

Ainsi, si n était le chiffre de la lecture du vernier,
R_1 la résistance faisant suite au câble,
I la résistance de l'isolement,
$$\text{Alors } I = R_1 \left(\frac{10.000}{n} - 1 \right)$$

La même formule donnait la résitance du cuivre lorsque l'extrémité de la côte était mise en contact avec la terre. La bobine R_2 et le galvanomètre G_1 servaient à maintenir un courant constant à travers les grandes bobines R de la façon décrite pour les épreuves de la tension à la côte. Y était habituellement en contact avec la terre, au moyen de la barre c de la clef K qui joint a et b ; mais lorsque les touches a et b étaient abaissées, elles mettaient en action la pile n° 2, et transmettaient des signaux à la côte ; ces signaux n'avaient pas d'autre effet que de diminuer ou accroître la tension du câble, sans troubler aucunement l'électrification. Lorsqu'on transmettait des signaux, on diminuait la sensibilité du galvanomètre G par une dérivation convenablement ajustée, et cette dérivation était enlevée durant l'intervalle qui suit chaque mot, afin de vérifier l'épreuve de l'isolement.

Si quelque partie du pont de Wheatstone venait à manquer, les chevilles P_2 et P_1 pouvaient s'enlever, et la communication établie directement au moyen de la cheville P aurait permis l'épreuve ordinaire de l'isolement par simple déviation.

TABLE III.

Conductibilité comparative de diverses qualités de cuivre du commerce et d'alliages de ce métal.

QUALITÉS ET ALLIAGES.	CONDUCTI-BILITÉ, celle du cuivre pur = 100	TEMPÉ-RATURE centi-grade.
Cuivre d'Espagne (Rio-Tinto). . .	14.24	14.8
» de Russie.	59.34	12.7
» d'Australie	88.86	14.0
» d'Amérique	92.57	15.0
» rouge en fil brillant.	72.27	15.7
» tenace.	71.03	17.3
» contenant 0.5 0/0 de carbone.	77.87	18.3
» » · 0.18 0/0 de soufre .	92.08	19.4
» » 0.13 0/0 de phosph^{re}	70.34	20.0
» » 0.95 0/0 d° .	24.16	22.1
» » 2.5 0/0 d° .	7.52	17.5
» » des traces d'arsenic	60.08	19.7
» » 2.8 0/0 d°	13.66	19.3
» » 5.4 0/0 d°	6.42	16.8
» » des traces de zinc.	88.41	19.0
» » 1.6 0/0 d°	79.37	16.8
» » 3.2 0/0 d°	59.23	10.3
» » 0.48 0/0 de fer . .	35.92	11.2
» » 1.66 0/0 d° . .	28.01	13.1
» » 1.33 0/0 d'étain.	50.44	16.8
» » 2.52 0/0 d° . .	33.93	17.1
» » 4.9 0/0 d° . .	20.24	14.4
» » 1.22 0/0 d'argent .	90.34	20.7
» » 2.45 0/0 d° .	82.52	19.7
» » 3.5 0/0 d°	67.94	18.1
» » 10 0/0 d'aluminium	12.68	14.0

Noad. Student's text-book of Electricity.

TABLE IV.

Constantes pour les métaux et les alliages qui permettent de calculer la résistance R à t° c, connaissant la résistance r à zéro centigrades.

$$R = (1 + at \pm bt^2)$$

	a		b
Métaux purs.......	0.003824	+	0.00000126
Mercure..........	0.0007485	—	0.000000398
Métal allemand.....	0.0004433	+	0.000000152
Platine en argent..	0.00031		. . . .
Or et argent.... ..	0.0006999	—	0.000000062

(Cantor Lectures.)

TABLE XIII.

Poids spécifiques de diverses matières d'usage commun en télégraphie.

Acier (fil)	7.916
Fer (fil).	7.844
Cuivre pur.	8.952
— pour câble.	8.899
Aluminium	2.680
Gutta-Percha	0.969
Caoutchouc Hooper	0 938
Asphalte silicatisé. . . .	1.363
Chanvre	0.500
Composition Chatterton . . .	0.974
Eau de mer	1.028

TABLE V.

Valeurs relatives de diverses unités de résistance électrique.

(Les nombres de la seconde série sont les logarithmes de ceux de la première).

DESCRIPTION.	NOM.	OHMAD.	SIEMENS.	DIGNEY.	Matthiesen	VARLEY.	MILLE allemand.
Unité électro-magnétique absolue	Ohmad	1.000	0.9564 $\overline{1}$.980640	0.09791 $\overline{2}$.990827	0.0668 $\overline{2}$.824776	0.0400 $\overline{2}$.602060	0.01633 $\overline{2}$.210319
1ᵐ de mercure pur de 1ᵐ/ᵐ carré de section éprouvé à 0° centigrade.	Siemens	1.0456 0.019124	1.000	0.1036 $\overline{1}$.015360	0.07075 $\overline{2}$.849726	0.04182 $\overline{2}$.621384	0.01668 $\overline{2}$ 222196
1 kilom. de fil de fer de 4 ᵐ/ᵐ (température inconnue).	Digney	9.950 0.997823	9.397 0.969742	1.000	0.6734 $\overline{1}$.828273	0.3573 $\overline{1}$.553033	0.1592 $\overline{1}$.201943
1 mille étalon (1609ᵐ31) de fil de cuivre pur de 13ᵐ/ᵐ2 à la temp. 15° 5 c.	Matthiesen	14.59 1.164055	13.77 1.138934	1.63 0.212188	1.000	0.5231 $\overline{1}$.718585	0.2334 $\overline{1}$.368101
1 mille de fil de cuivre n° 16 (13ᵐ/ᵐ2) de qualité spéciale.	Varley	25.00 1.397940	23.60 1.372912	2.480 0.394452	1.692 0.228400	1.000	0.4000 $\overline{1}$.602060
1 mille allemand (7529ᵐ53) de fil de fer de 13ᵐ/ᵐ2 de diamètre.	Mille allemand	61.68 1.790144	58.244 1.765262	6.118 0.786609	4.173 0.620448	2.214 0.345178	1.000

TABLE VI.

Résistances en ohmads et à diverses températures d'un mètre gramme de fil de cuivre.

Tempér. centigrade.	FIL DE CUIVRE DE 1ᵐ PESANT 1 GRAMME			
	Pur 100 %.	Qualité 95 %	Qualité 90 %	Qualité 85 %
0	0.1440	0.1515	0.1600	0.1694
5	0.1467	0.1544	0.1630	0.1725
10	0.1494	0.1573	0.1660	0.1757
11	0.1502	0.1581	0.1668	0.1767
12	0.1507	0.1586	0.1674	0.1773
13	0.1513	0.1592	0.1680	0.1779
14	0.1519	0.1598	0.1686	0.1786
15	0.1525	0.1605	0.1692	0.1793
16	0.1531	0.1611	0.1699	0.1801
17	0.1537	0.1617	0.1706	0.1808
18	0.1542	0.1623	0.1713	0.1815
19	0.1548	0.1629	0.1720	0.1821
20	0.1554	0.1635	0.1726	0.1827
21	0.1560	0.1641	0.1732	0.1835
22	0.1566	0.1648	0.1738	0.1841
23	0.1572	0.1654	0.1744	0.1848
24	0.1578	0.1661	0.1752	0.1855
25	0.1584	0.1668	0.1759	0.1863
26	0.1590	0.1674	0.1766	0.1870
27	0.1596	0.1681	0.1773	0.1877
28	0.1601	0.1687	0.1779	0.1884
29	0.1607	0.1693	0.1786	0.1891
30	0.1613	0.1699	0.1793	0.1898
31	0.1620	0.1705	0.1800	0.1906
32	0.1626	0.1711	0.1807	0.1913
33	0.1632	0.1718	0.1813	0.1921
34	0.1638	0.1724	0.1819	0.1928
35	0.1644	0.1730	0.1826	0.1934
36	0.1650	0.1736	0.1832	0.1941
37	0.1656	0.1743	0.1839	0.1949
38	0.1662	0.1750	0.1846	0.1955
39	0.1668	0.1756	0.1853	0.1962
40	0.1674	0.1762	0.1860	0.1969

TABLE VII.

Résistance comparative de la gutta-percha et du caoutchouc Hooper, à diverses températures, montrant l'abaissement de résistance dû à l'augmentation de température.

Température CENTIGRADE.	RÉSISTANCES			
	GUTTA-PERCHA. Câble du golfe Persique		CAOUTCHOUC HOOPER. Câble de Ceylan.	
	Observée.	Calculée.	Observée.	Calculée.
0	100.00	100.00	100.00	100.00
2	84.14	80.00	90.10	83.73
4	64.66	64.00	80.60	78.62
6	47.65	51.20	72.90	68.30
8	37.15	40.96	65.30	61.20
10	28.97	32.77	58.80	54.81
12	23.18	26.22	52.90	48.56
14	16.89	20.97	49.40	43.07
16	14.37	16.78	44.50	38.18
18	11.05	13.42	34.60	33.85
20	8.43	10.74	29.10	30.01
22	6.82	8.59	26.40	26.51
24	5.51	6.87	24.50	23.59
26	4.47	5.50	22.30	20.91
28	3.51	4.40	18.60	18.55
30	2.99	3.52	16.70	16.44
32	2.48	2.82	16.00	14.58
34	1.92	2.26	14.40	12.93
36	1.68	1.80	13.00	11.46
38	1.43	1.44	10.60	10.16

Culley (Handbook of Pratical Telegraphy).

NOTA.— Si, connaissant la résistance R à 20° C., on désire connaître ce que serait cette résistance à 10°, on n'aura qu'à calculer la proportion R : x : : 8,43 : 28,97, pour la gutta-percha, et R : x : : 29,10 : 58,80, pour le caoutchouc.

TABLE VIII.

*Chute de la tension sur le câble Atlantique de 1866. —
Épreuve à l'électromètre faite par M. L. Clark, le 11
septembre 1866, avec 100 éléments (négatifs).*

Pour cent de la charge restante.	Observation du temps de la chute.	Pour cent de la charge restante.	Observation du temps de la chute.
100	0' 0"	73	25' 19"
97	2 52	72	26 23
96	2 29	71	27 17
94	4 57	70	28 31
93	5 39	69	29 45
92	6 21	68	31 6
91	7 10	67	32 29
90	7 41	66	33 46
89	8 41	65	35 27
88	9 33	64	37 3
87	10 25	63	38 42
86	11 17	62	40 36
85	12 16	61	42 6
84	13 26	60	43 49
83	14 20	59	45 45
82	15 31	58	47 45
81	16 29	57	50 10
80	17 26	56	52 0
79	18 28	55	54 13
78	19 32	54	56 20
77	20 37	53	58 11
76	21 36	52	60 50
75	22 43	51	63 21
74	23 55	50	66 41

NOTA.— Le câble fut d'abord chargé par un contact
avec le zinc de la pile, puis mis en communication
avec un électromètre, à travers un rhéostat, de façon à
balancer en tout temps la tension décroissante du
câble.

TABLE IX.

Poids en kilogrammes, par mille nautique, des fils de fer,
de cuivre et de gutta-percha.

JAUGE anglaise B. W. G.	DIAMÈTRE en millimètres	POIDS EN KILOG. PAR NŒUD DU FIL DE		
		Fer.	Cuivre.	Gutta-Percha solide. (1)
00	9.62	937.00	»	»
0	8.41	778.26	»	»
1	7 62	632.10	803.35	87.29
2	7.11	549.62	649.92	70.62
3	6.60	475.40	564.67	61.34
4	6.09	395.74	479.46	52.10
5	5.58	339.51	396.85	43.94
6	5.08	282.05	330.28	35.88
7	4.75	240.35	287.66	31.26
8	4.21	204.52	223.74	24.28
9	4.01	167.15	202.40	21.97
10	3.48	138.75	149.13	16.17
11	3.15	109.73	127.84	13.86
12	2.79	83.65	95.76	10.42
13	2.41	65.29	74.56	8.07
14	2.15	49.62	52.27	5.75
15	1.90	39.17	42.58	4.62
16	1.65	29.75	31.94	3.44
17	1.45	22.98	21.29	2.31
18	1.27	18.21	19.10	2.08
19	1.06	»	13.82	1 50
20	0.89	»	9.56	1.04

NOTA. En calculant le poids des fils de fer d'un câble,
il faudra ajouter 3 0/0 pour la longueur du pas d'hélice.

(1) Les poids de la gutta-percha sont ceux de la Compagnie de
construction de Silvertown.

TALBE X.

Poids de la gutta-percha des fils fabriqués par la Gutta-Percha Company.

JAUGE ANGLAISE	DIAMÈTRE en millimètres.	POIDS DE GUTTA-PERCHA	
		par kilomètre.	par mille nautique.
		kilog.	kilog.
00	3.200	7.819	14.500
0	3.632	10.015	18.573
8	4.089	12.946	24.010
7	4.343	14.410	26.725
6	4.927	18.827	34.881
5	5.435	22.712	42.130
4	5.613	24.182	44.847
3	6.273	30.289	56.172
2	7.010	37.862	70.215
1	7.340	41.525	77.010
0	8.636	57.403	106.455
00	8.852	71.815	133.182
000	10.795	89.891	166.704
0000	11.531	102.534	190.260
1/2 pouce.	12.700	124 333	230.577

TABLE XI.

Comparaison de la jauge anglaise à celle de Paris.

JAUGE de Paris.	DIXIÈMES de millimètre.	Jauge anglaise(1) de R. Johnson et Neveu.	
P	5	25	
1	6	24	
2	7	23	
3	8	22	
4	9	21	
5	10	20	1/2
6	11	20	
7	12	19	
8	13	18	
9	14	17	3/4
10	15	17	1/2
11	16	17	
12	18	16	
13	20	15	
14	22	14	
15	24	13	
16	27	12	
17	30	11	
18	34	10	
19	39	8	1/2
20	44	7	1/4
21	49	6	1/4
22	54	5	1/4
23	59	4	1/4
24	64	3	1/4
25	70	2	1/4
26	76	1	1/4
27	82	0	1/4
28	88	00	1/4
29	94	000	1/4
30	100	0000	1/4

(1) Les jauges de Manchester et de Birmingham diffèrent, comme on peut le voir, par l'examen des Tables IX, X et XI.

TABLE XII.

Valeurs comparatives des mesures de longueur anglaises et françaises.

(Les chiffres de la seconde série sont les logarithmes de ceux de la première.)

NOMS DES MESURES.	Kilomètre.	Statute Mile.	Nautical Mile.	Brasse. (1)
Kilomètre	1.0000	0.62139 $\bar{1}$.793363	0.53922 $\bar{1}$.731766	547.0459 2.738027
Statute Mile.	1.60934 0.218765	1.0000	0.86780 $\bar{1}$.938420	880.3610 2.944666
Nautical Mile	1.85450 0.268227	1.15233 0.061565	1.0000	1014.4967 3.006252
Brasse (Fathom = 2 yards).	0.001828 $\bar{3}$.261976	0.001136 $\bar{3}$.055378	0.00098 $\bar{4}$.991226	1.0000

(1) On compte généralement 1,000 brasses exactes dans le mille géographique ou nautique, mais il contient en réalité 2,029 yards et non 2,000. L'ancienne brasse française valait 1^{m}62419.

TABLE XIV.

Extrait des expériences faites par MM. Gisborne, Forde et Siemens pour le Comité des câbles sous-marins (appendice 10 du Rapport).

MATÉRIAUX.	Pas de l'hélice m/m.	Moyenne du poids de rup-ture en kilog.	Moyenne de l'allongement 0/0.	Nombre d'expé-riences.
Fil d'acier de 2 m/m . .	»	415.57	1.41	5
— de fer de 2 m/m . . .	»	220.46	0.55	7
Fil d'acier enveloppé de 4 filins de manille	19.05	468.80	1.77	3
	31.75	638.60	2.63	6
Fil d'acier enveloppé de 4 filins de chanvre russe . .	19.05	491.60	1.76	3
	31.75	572.77	2.45	5
Fil de fer enveloppé de 4 filins de chanvre manille .	19.05	234.14	0 63	3
	31.75	419.63	2.62	4
Fil de fer enveloppé de 4 filins de chanvre russe . .	19.05	246.81	0.82	3
	31.75	314.22	1.82	6
Chanvre de Manille du poids moyen de 25ᵍ pʳ brasse	»	190.05	2.62	2
Chanvre russe du poids moyen de 19.5 par brasse.	»	145.45	1.30	2

TABLE DES MATIÈRES.

Amélioration du cuivre. Dimensions du conducteur de quelques câbles... 16

III. — GARNITURE DE L'AME.

IV. — PROTECTION EXTÉRIEURE.

SYSTÈME D'ÉPREUVES ET MODE DE COMMUNICATION EMPLOYÉS PENDANT LA POSE DU CABLE DE L'ATLANTIQUE, EN 1866.

TABLES.

TABLE XVI.

Câbles Sous - Marins.

Date de la pose.	DÉSIGNATION.	Nombre de fils conducteurs.	N° du conducteur. Jauge anglaise.	N° du fil de gutta-percha. Jauge anglaise.	Fils extérieurs. Nombre.	Fils extérieurs. Numéro.	Longueur en milles nautiques.	Profondeur maximun en brasses.	Poids en tonnes par mille nautique.	NOMS DES CONSTRUCTEURS.	DURÉE.
											Ans.
1851	Calais Douvres	4	16	2	10	1	23	30	7.8	Newall, Kuper, Crampton	18
1852	Holyhead Houth	1	....	....	12	....	66	70	....	R. S. Newall	...
1853	Grand Belt Danemark	3	18	4	9	2	15	18	5	Dito.	12
»	Douvres Ostende	6	16	2	12	2	73	30	6 3/4	Newall, Kuper.	16
»	Frith of Forth (4 câbles galv.)	4	16	1	10	8	4	....	7.5	R. S. Newall et C°.	16
»	Portpatrick Donaghadee	6	16	2	12	2	21	160	6 3/4	Dito.	11
»	Angleterre Hollande (4 câbles galv.)	1	16	1	10	8	410	30	2	Dito.	9
1854	Portpatrick Whitehead	6	16	2	12	2	23	150	6 3/4	Dito.	12
»	Suède Danemark	3	16	2	10	2	10 1/2	14	6 3/4	Glass, Elliott et C°.	11
»	Holyhead Houth	1	16	0	10	8	66	70	3/4	Newall.	5
»	Italie Corse	6	16	1	12	1	95	325	8	Glass, Elliott et C°.	9
»	Corse Sardaigne	6	16	1	12	1	9	20	8	Dito.	10
1855	Varna Constantinople	1	16	2	12	18	118	8	2	Newall.	5
»	Dito Balaclava	1	16	2	Pas	»	305	300	0.1	Dito.	3/4
»	Egypte	4	16	2	10	1	9	40	5 1/2	Glass, Elliott.	7
»	Italie Sicile	3	16	2	10	1	4 1/2	5	5 1/2	Dito.	5
1856	Terreneuve Cap Breton	1 toron.	14	1	12	9	73	360	2 3/4	Dito.	6
»	New Brunswick Ile du Prince-Edouard	1 dito.	14	1	12	9	10 1/2	14	2 3/4	Dito.	6
1857	Norwège dans les Fiords	1 dito.	14	1	10	6	42	300	3	Dito.	5
»	Sardaigne Malte	1 dito.	15	1	18	15	600	1000	1	Newall.	1 1/2
»	Malte Corfou	1 dito.	15	1	18	15				Dito.	3
»	Bouches du Danube	1 dito.	14	1	12	9	3	»	1 3/4	Glass, Elliott.	5
»	Ile de Ceylan au continent Indien	1 dito.	14	00	12	8	26	30	3	Dito.	5
»	Sardaigne Bone (Algérie)	4 dito.	16	5	18	11	103	1500	2	Newall.	3
1858	Italie Sicile	1	16	2	10	1	6 1/2	60	5 1/2	Glass, Elliott.	4
»	Dardanelles Scio et Candie	1 toron.	13	1	18	16 1/2	441	40	1	Newall.	3
»	Angleterre Hollande	4	13	0	10	00	120	30	....	Glass, Elliott.	11
»	Dito Hanovre	2 torons.	16	3	12	6 1/2	210	30	....	Dito.	11
»	Norwège dans les Fiords	1 dito.	14	1	10	6	14	300	3	Dito.	10
»	Australie King's Island	1	16	1	10	8	120	45	2 1/4	Henley.	11
»	Weymouth Alderney	1 toron.	14	1	9	6	80	60	2 3/4	....	2 1/2
»	Ceylan Inde	1	14	00	12	8	26	45	2 3/4	Henley.	5
»	Irlande Terreneuve	1 toron.	14	00	128	22	2022	2400	1	Glass et Newall.	28 jours.
1859	Singapore Batavia	1 dito.	12	0	18	16	472	20	1	Newall.	2
»	Athènes Syra	1 dito.	14	1	16	15	100	150	1	Dito.	3
»	Scio Smyrne	1 dito.	14	1	16	15	36 3/4	40	1	Dito.	3
»	Alexandrie	1 dito.	13	1	18	16 1/2	1 3/4	8	1	Dito.	...
»	Angleterre Danemark	3 dito.	16	3	12	5 1/2	316	30	4 1/2	Glass, Elliott.	7
»	Suède Gottland	1 dito.	14	1	12	9	55 1/2	80	2 3/4	Dito.	10
»	Folkestone Boulogne	6 dito.	14	3	12	0	20 1/2	32	10	Dito.	10
»	Rivières des Indes	1	13	0	9	2	9	....	4 3/4	Dito.	10
»	Malte Sicile	1 toron.	14	1	10	5 1/2	52 1/2	79	3 1/2	Dito.	10
»	Angleterre Ile de Man (asphalte)	1	16	2	10	6 1/2	32	30	2 3/4	Dito.	3
»	Jersey Pirou (France)	1 toron.	14	00	12	5 1/2	18	15	4	Dito.	10
»	Tasmania Australie	1	16	1	10	8	206	60	2 1/4	Henley.	6
»	Liverpool Holyhead	2	16	3	12	6	22	....	....	Glass, Elliott.	10
1859 1860	Suez Kurrachee	1 toron.	12	0	18	16	2995	1910	1	Newall.	...
»	Port-Vendres Alger (chanvre acier)	1 dito.	14	0	10	14	416	1585	1 3/4	Glass, Elliott,	...
»	Corfou Otrante	1 dito.	14	0	10	5 1/2	77	1000	4	Dito.	4
»	Danemark Grand Belt (14 milles / 14 milles)	6 / 3	16	1	12 / 10	1	24	18	....	Henley.	9
»	Dacca Pegu	1	13	0	18	14	99	....	....	Dito.	9
»	Barcelonne Mahon	1 toron.	14	1	16	12 1/3	155	1400	1 1/2	Dito.	6
»	Minorque Majorque				18	12 1/2	30	250		Dito.	
»	Iviza Saint-Antonio	2 dito.	16	3	18	11 1/2	68	500	2 1/4	Dito.	5
1861	Norwège Fiords	1 dito.	14	1	10	6	11	300	....	Glass, Elliott.	4
»	Toulon Ajaccio (chanvre acier)	1 dito.	14	0	10	14	107	1550	1 3/4	Dito.	8
»	Malte Alexandrie	1 dito.	8	0000	18	11	1536	420	2 1/4	Dito.	1
»	Newhaven Dieppe	6	16	1	12	1	53	30	8	(Ancien câble d'Afrique).	8
1862	Pembroke Wexford (asphalte)	4 torons.	14	1	12	3	52	58	8	Glass, Elliott.	8
»	Angleterre Hollande	4 dito.	13	0	10	00	112	30	10	Dito.	7
1863	Sardaigne Sicile	1 dito.	14	1	18	11	172	200	2 3/4	Dito.	7
1864	Golfe Persique (asphalte)	1 dito Segm.	12	00	12	6 1/2	1148	25	3 3/4	Henley.	2
1865	Rivières des Indes	1 toron.	12	00	12	6	46	»	3 3/4	Hooper.	5
»	Irlande Terreneuve (chanvre et acier)	1 dito.	9	0000	10	13	1896	2400	1 3/4	Const. Maint C°.	4
1866	Golfe Persique (asphalte)	1 dito.	12	00	12	6	160	25	3.75	Henley.	3
»	Ceylan au continent Indien	1 dito.	12	00	12	6	35	45	3.8	Hooper India Rubber C°.	2
»	Terreneuve Irlande (chanvre et acier galv.)	1 dito.	9	0000	10	13	1852	2400	1 1/2	Const. Maint C°.	3
»	Angleterre Hanovre (asphalte)	4 dito.	14	2	12	1	224	30	11	Henley.	3
1867	Nouvelle-Zélande (asphalte)	3 dito.	14	2	10	1	42	....	9	Dito.	3
»	Placentia Sidney (dito)	1 dito.	12	0	12	9	301	20	2 1/2	Const. Maint. C°.	2
»	Cuba Floride	1 dito.	14	2	12 / 14	9 / 14	245	....	2 1/2	India Rubber C°.	2 / 1
»	Douvres La Panne (asphalte)	4 dito.	14	2	10	0	47	30	9 3/4	Henley.	2

ERRATA.

Page 30, ligne 13, lisez : 3, 2.9 et 1 pour cent.
— 82, — 26, — Sur la loi fondamentale.
— 115, — 10, — Electricien.
— 138, — 28, — Thomson.
— 141, —   9, — $c = db + b = b(1 + d)$
— 156, — 30, — 11 milles de câble.
— 174, —   2, — Mais tous ceux.
— 198, — 11, — (*Fig.* 33, Pl. II).
— 209, — 10, — Platine et argent.

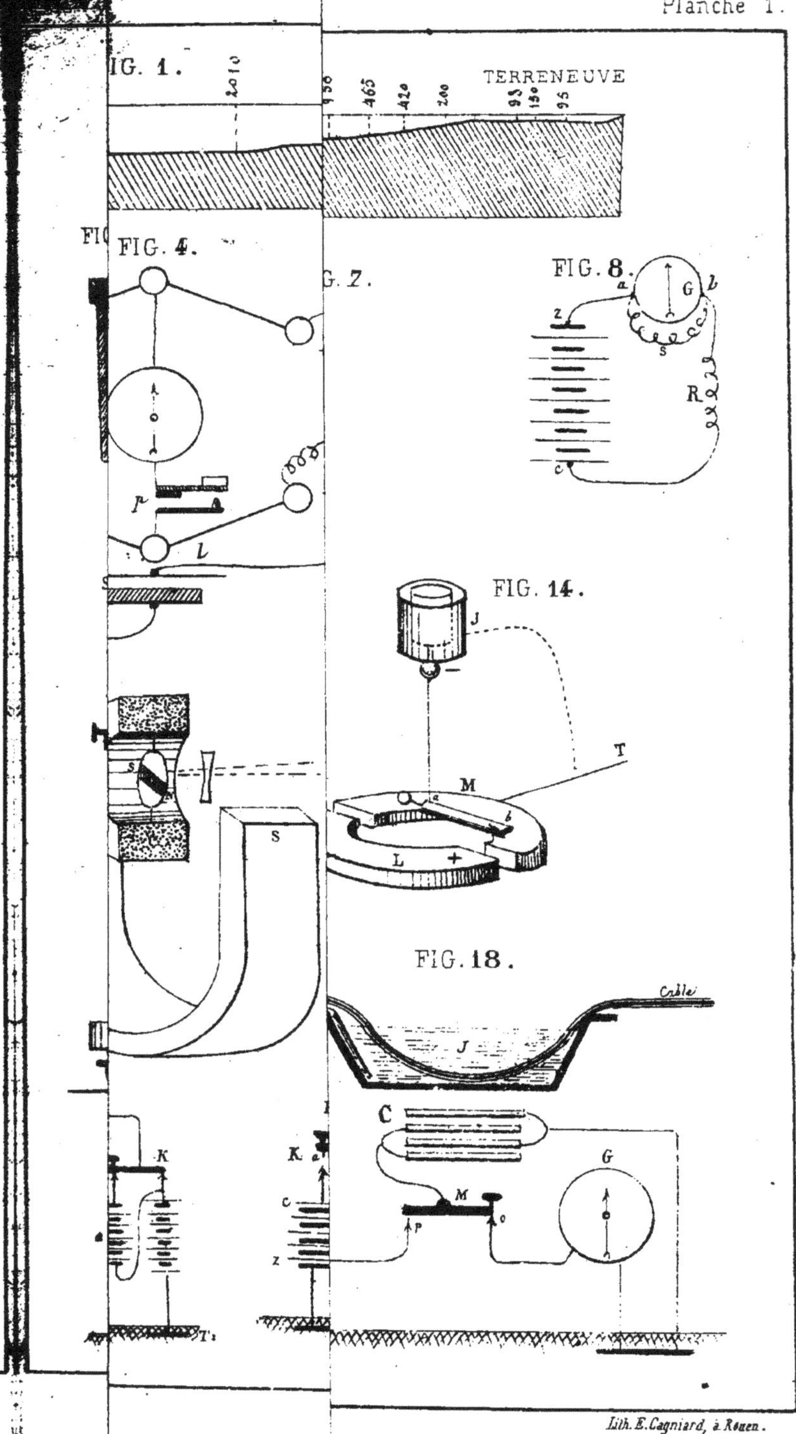

FIG. 1.
TERRENEUVE
FIG. 4.
FIG. 7.
FIG. 8.
FIG. 14.
FIG. 18.
Câble

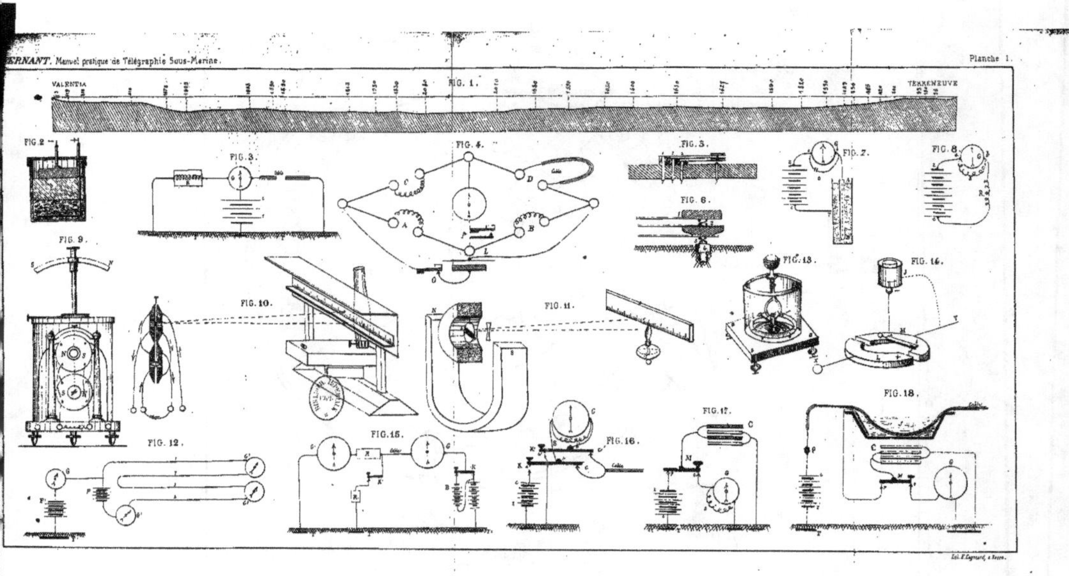
VALENTIA
TERRENEUVE
FIG. 1.
FIG. 2.
FIG. 3.
FIG. 4.
FIG. 5.
FIG. 6.
FIG. 7.
FIG. 8.
FIG. 9.
FIG. 10.
FIG. 11.
FIG. 12.
FIG. 13.
FIG. 14.
FIG. 15.
FIG. 16.
FIG. 17.
FIG. 18.
Cable

FIG. 22.

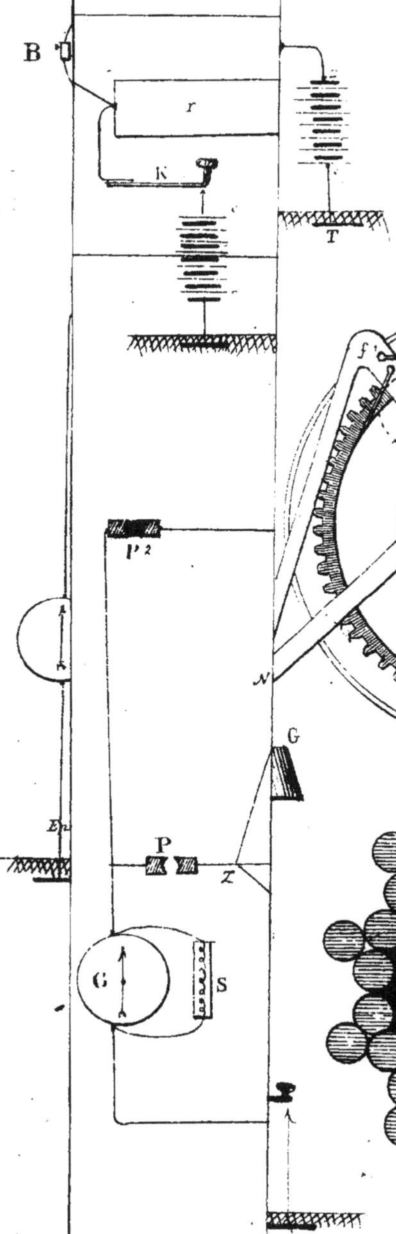

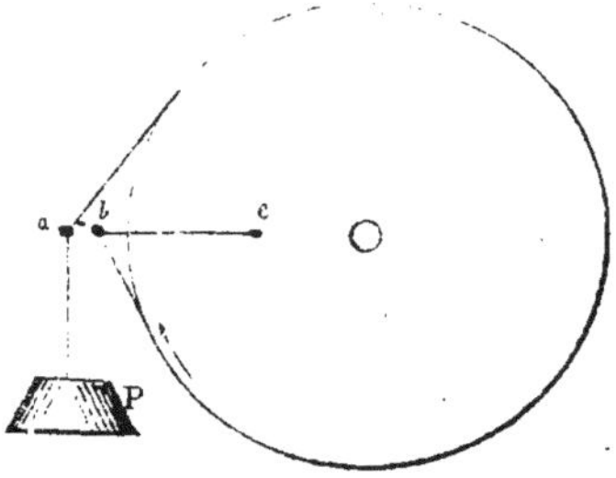

G. 20.

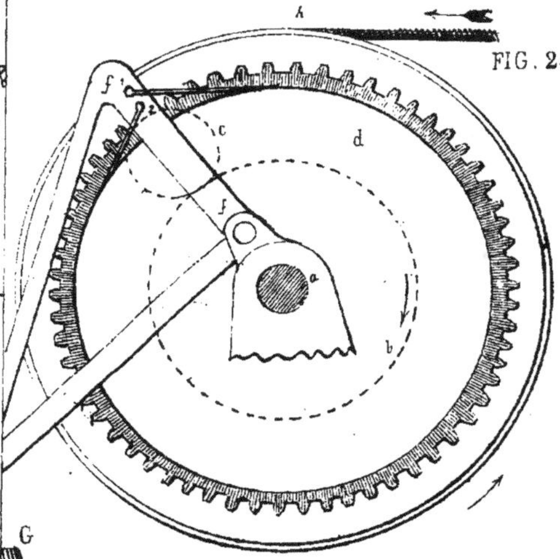

FIG. 24.

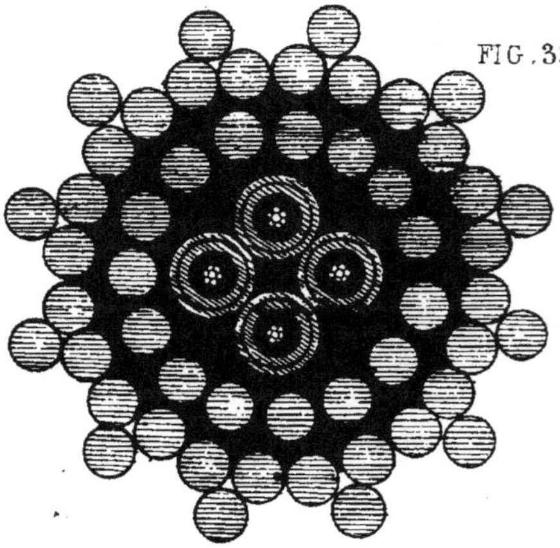

FIG. 33

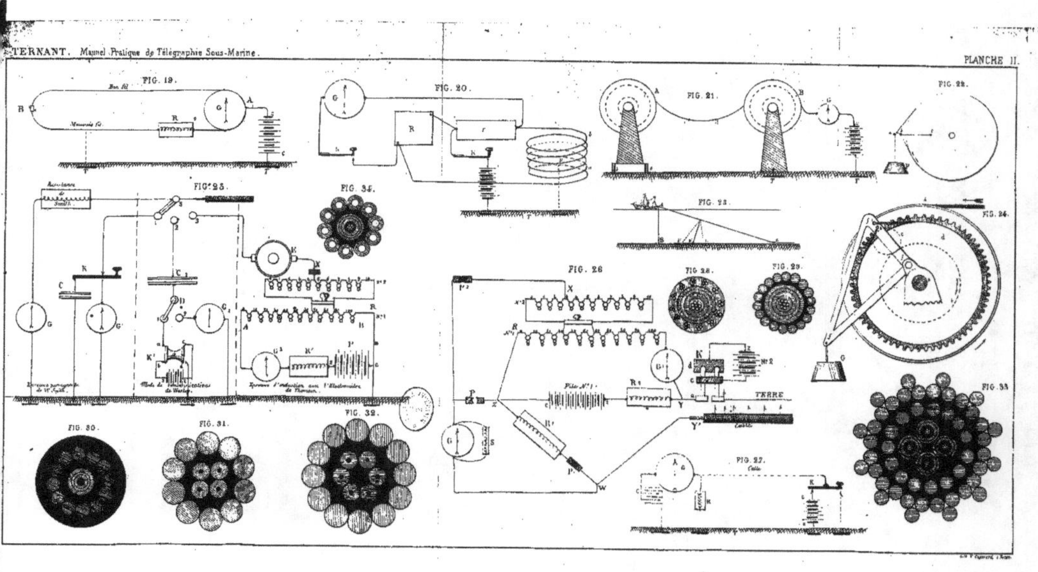

FIG. 19.
FIG. 20.
FIG. 21.
FIG. 22.
FIG. 23.
FIG. 34.
FIG. 24.
FIG. 22.
FIG. 26.
FIG. 28.
FIG. 29.
FIG. 30.
FIG. 31.
FIG. 32.
FIG. 33.
FIG. 27.